作家经典文库

江村经济

费孝通 著

作家出版社

图书在版编目（CIP）数据

江村经济 / 费孝通著 .—北京：作家出版社，2020.7
（2023.3重印）

（作家经典文库）

ISBN 978-7-5212-0755-2

Ⅰ.①江…　Ⅱ.①费…　Ⅲ.①农民－生活－研究－中国　Ⅳ.① D422.7

中国版本图书馆 CIP 数据核字（2019）第 240817 号

江村经济

作　　者：费孝通		
责任编辑：省登宇　周李立		
装帧设计：仙境设计		
出版发行：作家出版社有限公司		
社　　址：北京农展馆南里 10 号	**邮　　编**：100125	
电话传真：86-10-65067186（发行中心及邮购部）		
86-10-65004079（总编室）		

E-mail:zuojia @ zuojia.net.cn

http://www.zuojiachubanshe.com

印　　刷：三河市北燕印装有限公司

成品尺寸：142×210

字　　数：250 千

印　　张：9.125

印　　数：20001—25000

版　　次：2020 年 7 月第 1 版

印　　次：2023 年 3 月第 2 次印刷

ISBN 978-7-5212-0755-2

定　　价：32.00 元

目 录

序①

我敢于预言费孝通博士的《中国农民的生活》（又名《江村经济》——译者注）一书将被认为是人类学实地调查和理论工作发展中的一个里程碑。此书有一些杰出的优点，每一点都标志着一个新的发展。本书让我们注意的并不是一个小小的微不足道的部落，而是世界上一个最伟大的国家。作者并不是一个外来人，在异国的土地上猎奇而写作的；本书的内容包含着一个公民对自己的人民进行观察的结果。这是一个土生土长的人在本乡人民中间进行工作的成果。如果说"人贵有自知之明"的话，那么，一个民族研究自己民族的人类学当然是最艰巨的，同样，这也是一个实地调查工作者的最珍贵的成就。

此外，此书虽以中国人传统的生活为背景，然而它并不满

---

① 该序为作者的老师布·马林诺夫斯基为《江村经济》英文版所作。布·马林诺夫斯基（1884—1942），英国社会人类学家，功能主义学派的开创者之一。——编者注（本书除注明外均为作者原注）

1

足于复述静止的过去。它有意识地紧紧抓住现代生活最难以理解的一面，即传统文化在西方影响下的变迁。作者在科学研究中勇于抛弃一切学院式的装腔作势。他充分认识到，要正确地解决实际困难，知识是必不可少的。费博士看到了科学的价值在于真正为人类服务。对此，科学确实经受着严峻的考验。真理能够解决问题，因为真理不是别的，而是人对真正的事实和力量的实事求是。当学者被迫以事实和信念去迎合一个权威的教义的需要时，科学便被出卖了。在欧洲某些国家里就有这种情况。

费博士是中国的一个年轻爱国者，他不仅充分感觉到中国目前的悲剧，而且还注意到更大的问题：他的伟大祖国，进退维谷，是西方化还是灭亡？既然是一个人类学者，他毕竟懂得，再适应的过程是何等地困难。他懂得，这一过程必须逐步地、缓慢地、机智地建立在旧的基础之上。他深切地关注到，这一切改变应是有计划的，而计划又须是以坚实的事实和知识为基础的。

此书的某些段落确实可以被看作是应用社会学和人类学的宪章。"中国越来越迫切地需要这种知识，因为这个国家再也承担不起因失误而损耗任何财富和能量。"费博士清晰地看到，纵然有最好的意图和理想的目的，如果一开始对变化的环境有错误的理解和看法，那么，计划也必定是错误的。"对形势或情况的不准确的阐述或分析，不论是由于故意的过错或出于无知，对这个群体都是有害的"，因为这会造成这样的错误：预先假设了不存在的力量或是忽视了前进道路上的障碍。

我感到，还必须引述前言中的一段话："如果要组织有效果的行动并达到预期的目的，必须对社会制度的功能进行细致的分析，而且要同它们意欲满足的需要结合起来分析，也要同它们的运转所依赖的其他制度联系起来分析，以达到对情况的适当的阐述。这就是社会科学者的工作。所以社会科学应该在指导文化变迁中起重要的作用。"这充分表达了中国文化和我们自己的文化的最大需要，也就是说，我们必须认识到，即使在机械工程中，只有傻子或疯子才会不顾科学的物理和数学而做出规划、设计或计算，故在政治行动中同样需要充分发挥理智和经验的作用。

我们的现代文明，目前可能正面临着最终的毁灭。我们只注意在机械工程中使用最合格的专家。但在政治、社会和道德力量控制方面，我们欧洲人越来越依从于疯子、狂人和歹徒。在界线的一边正越来越多地责备着那种个人随心所欲、毫无责任感或毫无恪守信义的道德义务的倾向，而在另一边我们尽管仍然可以在财富、权力和实力上具有压倒的优势，近数年却始终不断地暴露出软弱、涣散以及对荣誉、对所负的神圣义务的忽视。

我怀着十分钦佩的心情阅读了费博士那明确的令人信服的论点和生动翔实的描写，时感令人嫉妒。他书中所表露的很多箴言和原则，也是我过去在相当一段时间里所主张和宣扬的，但可惜我自己却没有机会去实践它。我们中间绝大多数向前看的人类学者，对我们自己的工作感到不耐烦，我们厌烦它的好古、猎奇和不切实际，虽然这也许是表面上的，实际并不如此。但我的自白无疑是真实的，我说过："人类学，至少对我来说是对我们过分标准化的文化的一种罗曼蒂克式的逃避。"

然而补救办法近在咫尺，如果允许我再引述我的一些其他看法的话，我认为"那面向人类社会、人类行为和人类本性的真正有效的科学分析的人类学，它的进程是不可阻挡的"。为达到这一目的，研究人的科学必须首先离开对所谓未开化状态的研究，而应该进入对世界上为数众多的、在经济和政治上占重要地位的民族的较先进文化的研究。本书以及在中国和其他地方开展的广泛的工作，证实了我的预言："未来的人类学不仅对塔斯马尼亚人、澳洲土著居民、美拉尼西亚的特罗布里恩德群岛人和霹雳的俾格米人有兴趣，而且对印度人、中国农民、西印度群岛黑人、脱离部落的哈勒姆非洲人同样关注。"这一段引语中还包含着对现代实地调查和理论工作提出了重要的基本要求：研究文化变迁、文化接触的现象，现代文化的传播。

因此，约两年前，我接待了燕京大学杰出的中国社会学家吴文藻教授来访，感到极大的欣慰，从他那里得知，中国社会学界已独立自发地组织起一场对文化变迁和应用人类学的真正问题的学术上的攻关。这一学术进攻表达了我梦寐以求的愿望。

吴教授和他所培育的年轻学者首先认识到，为了解他们的伟大祖国的文明并使其他的人理解它，他们需要去阅读中国人的生活这本公开的书本，并理解中国人在现实中怎样思考的。正因为那个国家有着最悠久的没有断过的传统，要理解中国历史还必须从认识中国的今天开始。这种人类学的研究方法对于现代中国学者和欧洲的一些汉学家所进行的以文字记载为依据的重要历史工作，是一种不可缺少的补充。研究历史可以把遥远过去的考古遗迹和最早的记载作为起点，推向后世；同样，亦可把现状作为活的历史，来追溯过去。两种方法互为补充，且须同时使用。

费博士著作中的原理和内容，向我们揭示了现代中国社会学派的方法论基础是多么结实可靠。本来的主要题材是对湖泽地带的平原乡村生活的一次实地考察。那水道纵横的平原是数千年来在物质上和精神上抚育中国人民的地方。不言而喻，在乡村生活、农村经济、农业人口的利益和需要中找到的主要是农业文化基础。通过熟悉一个小村落的生活，我们犹如在显微镜下看到了整个中国的缩影。

贯穿此书的两个主题是：土地的利用和农户家庭中再生产的过程。在本书中，费博士集中力量描述中国农民生活的基本方面。我知道，他打算在他以后的研究中说明关于崇祀祖先的详细情况以及在村庄和城镇中广为流传的关于信仰和知识等更复杂的体系。他还希望终有一日将自己的和同行的著作综合起来，为我们展示一幅描绘中国文化、宗教和政治体系的丰富多彩的画面。对这样一部综合性著作，像本书这样的专著当是第一步。费博士的书和他同行的贡献，将成为他们可能完成的精雕细琢的镶嵌品中的一件件珍品。①

序言作者的任务并不是再来复述一番本书已经动人地描述过的内容。随着本书的描述，读者本身将自然地被带入故事发生的地点：那可爱的河流纵横的开弦弓村。他将看到村庄的河流、桥梁、庙宇、稻田和桑树的分布图，此外，清晰的照片更有助于了解这个村庄。他将欣赏到具体资料、数据和明晰的描述三者之间

---

① 这些已经完成的作品，大多用中文写成，有下列诸题：《山东的集市系统》，杨庆堃著；《河北农村社区的诉讼》，徐雍舜著；《河北农民的风俗》，黄石著；《福建的一个氏族村》，林耀华著；《动变中的中国农村教育》，廖泰初著；《花篮瑶社会组织》，费博士及夫人著。正在进行研究的有李有义的"山西的土地制度"，及郑安仑的"福建和海外地区移民的关系问题"。

很协调的关系。对农村生活、农民生活资料、村民的典型职业的描述以及完美的节气农历和土地占有的准确定义等，都为读者提供了一种深入的确实的资料，这在任何有关的中国文献中都是十分罕见的。

我已得到允许，引述 E. 丹尼森·罗斯爵士在读了该书手稿以后的一段话，他阐明了该书在科学文献中的地位："我认为这篇论文是相当特殊的。据我所知，没有其他作品能够如此深入地理解并以第一手材料描述中国乡村社区的全部生活。我们曾经有过统计报告、经济研究和地方色彩浓厚的小说——但我未曾发现有一本书能够回答好奇的陌生人可能提出的各种问题。"这里所说的"好奇的陌生人"就是 E. 丹尼森·罗斯爵士，他恰是一个科学家、历史学家和世界知名的东方学专家。

我个人认为或许有关蚕丝业的这一章是本书最成功的一章。它向我们介绍了家庭企业如何有计划地变革成为合作工厂，以适应现代形势的需要。它证明，社会学需要研究社会工程的有关实际问题。它提出了一些附带的问题，我想这些问题将成为中国和其他地方的另一些研究的起点。

在这一章和其他很多章节的论据中，我们能够发现著书的道德品质，请允许我强调、提出这一点。虽然这本书是一个中国人写给西方读者看的，文字中没有特殊的辩护或自宥的流露。相反倒是一种批评和自我批评。在《中国的土地问题》这一章中我们可以读到："国民党政府在纸上写下了种种诺言和政策，但事实上，它把绝大部分收入都耗费于反共运动，所以它不可能采取任何实际行动和措施来进行改革，而共产党运动的实质，正如我所指出的，是由于农民对土地制度不满而引起的一种反抗。尽管各方提出各种理由，但有一件事是清楚的，农民的境况是越来越糟糕了。自从政府重占红色区域以来到目前为止，中国没有任何一个地区完成了永久性的土地改革。"这样一种公开批评政府不当行为的社会学工作，现在仍然进行着，想必得到政府的鼓励，这一方面证明了中国青年社会学家的正直和团结，另一方面也说明了官方的明智。

作者的一切观察所具有的特征是，态度谨严、超脱、没有偏见。当今一个中国人对西方文明和西方国家的政治有反感，这是可以理解的。但本书中未发现这种迹象。事实上，通过我个人同费博士和他的同事的交往，我不得不羡慕他们不持民族偏见和民族仇恨——我们欧洲人能够从这样一种道德态度上学到大量的东西。看来中国人是能够区别民族和政治制度的。日本作为一个民族来说，他们对它甚至不怀仇恨。在本书第一页上，作者提到这个侵略国，冷静地评价它的作用在于迫使中国建立起一条统一战线并调整它的某些基本的经济和社会问题，从而巩固了中国。我们所了解、评价，甚至逐渐依恋的那个村庄，现在可能已被破坏。我们只得响应作者预言式的愿望：在这个村庄和其他许多村庄的废墟中，"内部冲突和耗费巨大的斗争最后必将终止"，"一个崭新的中国将出现在这个废墟之上"。

布·马林诺夫斯基

1938 年 10 月 15 日于伦敦大学人类学系

中译本前言①

　　本书是 1939 年英国 Routledge 书局出版我所写 *Peasant Life in China* 一书的中译本，原书扉页有《江村经济》中文书名，今译本即沿用此名。这书的翻译工作原应由我自己动笔，但在该书有条件翻译时，我一直忙于其他事务，无暇及此。今由戴可景同志译出，无任感激。应译者要求，我在书前说一说这书写作和翻译的经过。

　　这本书的写成可说是并非出于著者有意栽培的结果，而是由于一连串的客观的偶然因素促成的。话要从 1935 年我从清华大学研究院毕业时说起。我毕业后由该校社会学及人类学系推荐，取得该校公费留学资格。按惯例应于该年暑假出国，但出于指导我研究工作的导师史禄国教授的主张，在出国前应到少数民族地区实地调查一年，因偕前妻王同惠赴广西大瑶山。该年冬，在瑶

----

① 本文是 1985 年作者为《江村经济》中译本写的前言。——编者注

山里迷路失事，妻亡我伤。经医治后，我于翌年暑期返乡休息，准备出国。在此期间，我接受家姊费达生的建议，去吴江县庙港乡开弦弓村参观访问，她在该村帮助农民建立的生丝精制运销合作社。我被这个合作社所吸引，在该村进行了一个多月的调查。在出国前夕才离开该村。这次调查并不是有计划的，是出于受到了当时社会新事物的启迪而产生的自发行动。

我去英国，乘坐一艘意大利的邮轮"白公爵"，从上海到威尼斯航程要两个多星期。我在船上无事，趁我记忆犹新，把开弦弓村调查的资料整理成篇，并为该村提了个学名叫"江村"。到了英国，进入伦敦经济学院人类学系。最初见到该系弗思（Raymond Firth）[1]博士，他负责指导我选择论文题目。我原来打算以《花篮瑶社会组织》作底子编写论文。随后我谈到曾在江村进行过调查，他看了我已经整理出来的材料，主张编写《江村经济》这篇论文。不久该系教授马林诺夫斯基（B.Malinowski）从美国讲学返英，我向他汇报了江村调查经过和内容，他决定直接指导我编写这篇论文的工作。该论文中主要的几章都在他主持的有名的"今天的人类学"讨论班上宣读、讨论、修改、重写过。1938年春季，我申请论文答辩，通过后，由伦敦大学授予我博士学位。博士证明书上所标明的论文题目是《开弦弓，一个中国农村的经济生活》。

论文通过的那天晚上，由导师马林诺夫斯基把这篇论文介绍给 Routledge 书局出版。书局编辑阅后建议书名改为《中国农民

---

① 雷蒙德·弗思（1901—2002），英国社会学家，现代人类学的代表。——编者注

的生活》。我看过该书清样后，离英返国，已是1938年的初秋。我记得，由于在轮船上得到广州沦陷的信息，所以临时决定在西贡登陆，直奔云南、昆明。到了云南，不久就开始我的内地农村调查。

该书是1939年出版的，其时欧洲已发生战事。世界战乱连年，我已把这书置之脑后。我仿佛记得直到战后我回到清华园，才接到书店寄给我的这本书。当时届解放前夕，时局紧张，我哪里有闲情来想到翻译此书。解放后，我参加民族调查工作，此书的译事提不到日程上来。1956年英伦老同学格迪斯（W.R.Geddes）博士，澳大利亚悉尼大学教授，参加该国文化代表团访华，得到周恩来总理的同意，访问了江村。他引起了我重访江村的兴趣。翌年成行，在调查工作进行过程中，有事返京，适逢反右斗争。在《新观察》发表的《重访江村》连载报告尚未结束，我已遭殃及，被错划右派。在被批判中，即使这本书并未译成中文发行，它还是作为一项"流毒深远"的"罪证"。

"文化大革命"后期，我国对外开放，不断有西方学者来华访问，从他们的口中，我才知道，该书已重印了三次。许多大学的人类学课程把它列为必读参考书。还有不少现已成名的人类学者告诉我，这本书启发了他们研究人类学和研究中国社会的兴趣。我当时不免担心，深恐其"流毒"太广，增加我的"罪行"。这种历史条件排除了翻译该书的可能性。

这一页历史终于翻过去了。1981年我得到老师弗思的来信，他告诉我：英国皇家人类学会将在1981年授我赫胥黎奖章。这是这门学科中很高的荣誉。并说《中国农民的生活》又重印发行，建议我在接受奖章时要宣读的论文，最好是叙述江村在四十多年中的变化。我因此又到江村进行了短期的访问，写了《三访江村》这篇文章。

从伦敦回国，我又回江村继续我的农村调查。1982年就从江村作为起点"更上一层楼"开始研究作为农村政治、经济、文化中心的小城镇。从吴江县各镇入手，逐步扩大研究范围，包括苏州、无锡、常州、南通四个市。1984年又扩大到苏北及南京、镇江两市。小城镇的研究，从我个人来说是江村研究的继续。在这段工作中，我已感到有需要把《江村经济》翻译出来给一起调查的同仁们作参考之用，而且江苏人民出版社已约定出版这个译本。但是我自己这几年恢复了学术活动，任务较重，实在抽不出时间和精力来做这项翻译工作。所以只能委托戴可景同志代劳。她在1984年就已经完成译稿，又请潘乃谷同志校阅过一遍。她把译稿交给了我，搁在我书架上，一搁几乎有一年。我应该对译者表示歉意。

屈指一算，离我最初在江村调查时，明年是整整半个世纪了。我自幸在今生能看到这项偶然形成的研究成果取得了国际上的承认，又在国内恢复了名誉。另一方面，经过这将近五十年的阅历，自己对这本早年的著作，总觉得有许多不能惬意之处。作为我个人在人生道路上的一个脚印，自当珍惜；作为国家社会历史的一些历史记录，固然也有它存在的价值；但是我既然还活着，而且尚能工作，自觉有责任再把江村在这半个世纪里的变化写下来，作这本书的续编，并当尽力把这段时期自身的长进来补足早年的不足。因而，我决定和上海大学社会学系合作进行为期两年的江村再调查，编写一本《江村五十年》。在准备这项研究计划时，我才挤出时间，把译稿重读了一遍，做了些必要的修正后，交付出版。至于它的续编在两年之后是否能出世，目前还是难于预知之事，但是我自己是有决心去完成这个自己给自己规定的任务。

以上是本书中译本诞生的经过，就以此作为前言，写在译本的前面。

费孝通

1985 年 4 月 15 日

致谢

　　我由衷地感谢所有鼓励我并帮助我进行实地调查和撰写此书的人。首先，我必须对以下的老师和朋友表示谢意：

　　吴文藻教授和史禄国教授是我早年攻读社会学和人类学的老师，他们鼓励我用深入实地调查的方法来研究中国文化。我的姐姐把我介绍给这个村庄并资助我工作；她那为改善农民生计的热忱，确实激励了我从事这项调查研究工作。后来，清华大学授予我一笔奖学金，使我有可能到英国去求学，也就是说，进入了布·马林诺夫斯基教授的"门下"。过去两年来，他对我知识上的启示和亲长般的情谊使我感到对他一生具有承上启下的责任——以我所理解的说，我必须在建立一门研究人的科学以及在使一切文明之间真正合作上分担他那沉重的负担。

　　我一定要感谢 G.F.A. 温特先生、雷蒙德·弗思博士和夫人；感谢 M.H. 里德博士、C. 朗先生和 M. 朗小姐，感谢他们阅读了我的手稿并润色了我的英文。伦敦经济学院讨论班成员，特别是

P. 哈克塞先生和许烺光先生也为我提供了各方面的帮助。

最后，请允许我以此书来纪念我的妻子。1935 年，我们考察瑶山时，她为人类学献出了生命。她的庄严牺牲使我别无选择地永远跟随着她。谨以此书献给我的妻子。

献给我的妻子王同惠

第一章　前言

　　这是一本描述中国农民的消费、生产、分配和交易等体系的书，是根据对中国东部、太湖东南岸开弦弓村的实地考察写成的。它旨在说明这一经济体系与特定地理环境的关系，以及与这个社区的社会结构的关系。同大多数中国农村一样，这个村庄正经历着一个巨大的变迁过程。因此，本书将说明这个正在变化着的乡村经济的动力和问题。

　　这种小范围的深入实地的调查，对当前中国经济问题宏观的研究是一种必要的补充。在分析这些问题时，它将说明地区因素的重要性并提供实事的例子。

　　这种研究也将促使我们进一步了解传统经济背景的重要性及新的动力对人民日常生活的作用。

　　强调传统力量与新的动力具有同等重要性是必要的，因为中国经济生活变迁的真正过程，既不是从西方社会制度直接转渡的过程，也不仅是传统的平衡受到了干扰而已。目前形势中所发生的问题是这两种力量相互作用的结果。例如对我们观察的这个村庄的经济问题，只有在考虑到两方面的情况时才能有所理解：一方面是由于世界工业的发展，生丝价格下跌；另一方面是以传统土地占有制为基础的家庭副业在家庭经济预算中的重要性。对任何一方面的低估都将曲解真实的情况。此外，正如我们将在以后的描述中所看到的，这两种力量相互作用的产物不会是西方世界的复制品或者传统的复旧，其结果如何，将取决于人民如何去解决他们自己的问题。正确地了解当前存在的以实事为依据的情况，将有助于引导这种变迁趋向于我们所期望的结果。社会科学的功能就在于此。

文化是物质设备和各种知识的结合体。人使用设备和知识以便生存。为了一定的目的人要改变文化。一个人如果扔掉某一件工具，又去获取一件新的，他这样做，是因为他相信新的工具对他更加适用。所以，任何变迁过程必定是一种综合体，那就是：他过去的经验、他对目前形势的了解以及他对未来结果的期望。过去的经验并不总是过去实事的真实写照，因为过去的实事，经过记忆的选择已经起了变化。目前的形势也并不总是能得到准确的理解，因为它吸引注意力的程度常受到利害关系的影响。未来的结果不会总是像人们所期望的那样，因为它是希望和努力以外的其他许多力量的产物。所以，新工具最后也可能被证明是不适合于人们的目的。

对社会制度要完成一个成功的变革是更加困难了。当一种制度不能满足人民的需要时，甚至可能还没有替代它的其他制度。困难在于社会制度是由人际关系构成的，只有通过一致行动才能改变它，而一致行动不是一下子就组织得起来的。另外，社会情况通常是复杂的，参与改革的一个个人，他们的期望也可以各不相同。所以在社会变革的过程中，为组织集体行动，对社会情况需要有一个多少为大家所接受的分析和定义以及一个系统的计划。这种准备活动一般都需要一种语言形式。最简单的形式如一个船长在指挥一条船航行时，对他的船员们发出命令。又如在议会或国会里进行一场有准备的辩论，对形势或情况的不同解释和关于结果的各种期望形成辩论的中心。无论如何，这样的准备活动总是会在有组织的革新活动中出现的。

对形势或情况的不准确的阐述或分析，不论是由于故意的过错或出于无知，对这个群体都是有害的，它可能导致令人失望的后果。本书有许多例子说明了对情况或形势的实事求是的阐述或分析的重要性。下面我想先提几个例子：在亲属组织中，目前法律对财产继承问题的规定似已成为两性不平等的实例。一旦男女平等的思想被接受，这样的规定将产生一种修改单方亲属原则的行动。正如我要说明的，财产的继承是两代人之间相互关系的一部分。在供养老人的义务落在子女身上的社会里，在目前从父居家庭的婚姻制度下，女儿和儿子不能分担同等的义务。因此，双系继承与单方立嗣相结合将形成两性的不平等。从这一点来看，立法的后果显然与期望是背道而驰的。（第四章第六节）

有时，对情况或形势的阐明或分析可能是正确的，但不完整。例如，在缫丝工业中，改革者主要从技术方面来分析情况，忽略了在丝价下降中国际贸易的因素，这就导致多年来，对村民许下的从工业中增加收入的诺言，未能实现。（第十二章第八节）

如果要组织有效果的行动并达到预期的目的，必须对社会制度的功能进行细致的分析，而且要同它们意欲满足的需要结合起来分析，也要同它们的运转所依赖的其他制度联系起来分析，以达到对情况的适当的阐述。这就是社会科学者的工作。所以社会科学应该在指导文化变迁中起重要的作用。

　　中国越来越迫切地需要这种知识，因为这个国家再也承担不起因失误而损耗任何财富和能量。我们的根本目的是明确的，这就是满足每个中国人共同的基本需要。大家都应该承认这一点。一个站在饥饿边缘上的村庄对谁都没有好处。从这个意义上说，对这些基本措施，在中国人中间应该没有政治上的分歧。分歧之处是由于对事实的误述或歪曲。对人民实际情况的系统反映将有助于使这个国家相信，为了恢复广大群众的正常生活，现在迫切地需要一些政策。这不是一个哲学思考的问题，更不应该是各学派思想争论的问题。真正需要的是一种以可靠的情况为依据的常识性的判断。

　　目前的研究，仅仅是一群懂得了这一任务的重要性的中国青年学生们的初步尝试。在福建、山东、山西、河北和广西都开展了同样的研究。将来还会有更广泛的、组织得更好的力量，继续进行研究。我不太愿意把这本不成熟的书拿出来，它之所以不成熟，是因为日本人占领并破坏了我所描述的村庄，我被剥夺了在近期做进一步的实地调查的机会。但我还是要把本书贡献出来，希望它能为西方读者提供一幅现实的画面，这就是：我的人民肩负重任，正在为当前的斗争付出沉痛的代价。我并不悲观，但肯定地说这是一场长期而严重的斗争。我们已做了最坏的准备，准备承受比日本的炸弹和毒气还会更坏的情况。然而我确信，不管过去的错误和当前的不幸，人民通过坚持不懈的努力，中国将再一次以一个伟大的国家屹立在世界上。本书并不是一本消逝了的历史的记录，而是将以百万人民的鲜血写成的世界历史新篇章的序言。

第二章　调查区域

一　调查区域的界定

为了对人们的生活进行深入细致的研究，研究人员有必要把自己的调查限定在一个小的社会单位内来进行。这是出于实际的考虑。调查者必须容易接近被调查者以便能够亲自进行密切的观察。另一方面，被研究的社会单位也不宜太小，它应能提供人们社会生活的较完整的切片。

A.拉德克利夫－布朗教授[①]、吴文藻博士和雷蒙德·弗思博士曾经讨论过这个基本问题。[②]他们一致认为，在这种研究

[①]　阿尔弗雷德·拉德克利夫－布朗（1881—1955），英国人类学家，结构功能论的创建者。——编者注

[②]　A. 拉德克利夫－布朗（A.Radcliffe-Brown）教授于1935年在北平燕京大学就深入研究中国农村的问题做了讲演；接着，吴文藻博士在天津《益世报》的《社会研究》周刊上就这个问题发表了一系列文章。近来，雷蒙德·弗思（Raymond Firth）博士在《中国农村社会团结性的研究》一文中讨论了这个问题。此文刊登在《社会学界》第10卷中。

的最初阶段，把一个村子作为单位最为合适。弗思博士说，应当"以一个村作研究中心来考察这村居民相互间的关系，如亲属的词汇、权力的分配、经济的组织、宗教的皈依以及其他种种社会联系，并进而观察这种种社会关系如何相互影响，如何综合以决定这社区的合作生活。从这研究中心循着亲属系统、经济往来、社会合作等路线，推广我们的研究范围到邻近村落以及市镇"。①

村庄是一个社区，其特征是，农户聚集在一个紧凑的居住区，与其他相似的单位隔开相当一段距离（在中国有些地区，农户散居，情况并非如此），它是一个由各种形式的社会活动组成的群体，具有其特定的名称，而且是一个为人们所公认的事实上的社会单位。

这样一个村庄并没有正式进入保甲制。保甲制是中国的一种新的行政体制，是为了某种特殊目的而人为地设置的（第六章第五节）。开弦弓村在1935年才有这种制度，因此很难说得清，这种法律上的保甲单位，究竟到什么时候才能以其不断增长的行政职能取代现存的事实上的群体。但目前，在实施过程中，保甲制仍然大多流于形式。因此，我们所研究的单位必须是实际存在的职能单位——村庄。我们研究的目的在于了解人民的生活。

在目前阶段的调查中，把村庄作为一个研究单位，这并不是说村庄就是一个自给自足的单位。在中国，地方群体之间的相互依存，是非常密切的，在经济生活中尤为如此。甚至可以说，在上半个世纪中，中国人民已经进入了世界的共同体中。西方的货

---

① 同前引文，英文文摘，第435页。

物和思想已经到达了非常边远的村庄。西方列强的政治、经济压力是目前中国文化变迁的重要因素。在这一点上有人可能会问，既然如此，那么在这样一个小的地区，在一个村庄里搞实地调查，对于这种外来力量及其所引起的变迁会取得什么进一步的了解呢？

显然，身处村庄的调查者不可能用宏观的眼光来观察和分析外来势力的各种影响。例如，由于世界经济萧条及丝绸工业中广泛的技术改革引起了国际市场上土产生丝价格的下跌，进而引起农村家庭收入不足、口粮短缺、婚期推迟以及家庭工业的部分破产。在这种情况下，实地调查者必须尽可能全面地记录外来势力对村庄生活的影响，但他当然应该把对这些势力本身的进一步分析留给其他学科去完成。调查者应承认这些事实，并且尽力约束自己去跟踪那些可以从村庄生活中直接观察到的影响。

对这样一个小的社会单位进行深入研究而得出的结论并不一定适用于其他单位。但是，这样的结论却可以用作假设，也可以作为在其他地方进行调查时的比较材料。这就是获得真正科学结论的最好方法。

二　地理状况

我所选择的调查地点叫开弦弓村，坐落在太湖东南岸，位于长江下游，在上海以西约 80 英里[①]的地方，其地理区域属于长

---

① 英里：英美制长度单位，1 英里约等于 1.6093 千米。——编者注

江三角洲。G. B. 克雷西曾经这样描述该区域的地理概况:"在长江平原的土地上,布满了河流与运河。世界上大概再也没有其他地区会有那么多可通航的水路。长江、淮河及其支流形成了一条贯穿这个区域的通道,颇为壮观。不但河流多,而且还有许多大小湖泊,其中主要有洞庭湖、鄱阳湖、太湖、洪泽湖。然而赋予这个地貌以最显著的特征的是人工河渠。这些河渠正是生活的命脉。在长江三角洲地区,河渠形成了错综复杂的网络,起着人工水系的作用,取代了河流。据 F. H. 金的估计,仅三角洲南部的河渠长度就有 25000 英里左右。

"这个地区是复合冲积平原,由长期以来河流带来的泥沙淤积而成,只有少数孤立的山丘,大部分地区是平川。乡下土地平坦,但是无数的坟墩和村子周围的树林遮住了视线。这里,无论是乡村或城市的居住区都比北方地区人口密集。但由于气候、地理位置等因素的共同作用,使得这里成为中国最繁荣的地方。[①]

"长江平原……显然受夏季季节风的影响……也经受大陆性旋风的巨大威力。

"由于纬度偏南,夏季呈亚热带气候,气温经常升至 38 ℃ (100 ℉)……整个地区平均降雨量约为 1200 毫米(45 英寸[②])……春、夏季多雨,6 月份的雨量最多。自 10 月至来年 2 月,气候较为干燥。天空晴朗,气温宜人,这时候,是一年中最爽快的季节。

"冬天的气温,难得一连数日都在零下,在较冷的夜间才结

---

① 《中国地理概况》(*China's Geographical Foundation*),1934 年,第 283 页。
② 英寸:英美制长度单位,1 英寸约等于 2.54 厘米。——编者注

薄冰，很少下雪……在上海，夏季平均最高气温 37℃（91 ℉），冬季平均最低气温为 −7℃（19 ℉）。

"长江平原一年四季，大部分时间的气候条件都有利于农业，生长季节约持续 300 天。"[1]

这个地区之所以在中国经济上取得主导地位，一方面是由于其优越的自然环境，另一方面是由于它在交通上的有利位置。该地区位于长江和大运河这两条水路干线的交叉点上。这两条水路把这个地区与中国西部和北部的广大疆土联结起来。作为沿海地区，自从通过远洋运输发展国际贸易以来，它的重要性与日俱增。该地区的港口上海，现已发展成为远东的最大城市。这里的铁路系统也很发达，已经修建了两条重要线路：一条从上海经苏州至南京；另一条由上海经嘉兴至杭州。最近，也就是在 1936 年，苏州与嘉兴之间又增加了一条新线路，与上述两条干线形成环行铁路。为了便利地区内的交通，还修建了汽车路；除此之外，还广泛利用了运河及改成运河的河道进行交通运输。

该地区人口密集，大多数人口居住在农村。如从空中俯视，可以看见到处是一簇簇的村庄。每个村子仅与邻村平均相隔 20 分钟路的距离。开弦弓只不过是群集在这块土地上成千上万个村庄之一。

在数十个村庄的中心地带就有一个市镇。市镇是收集周围村子土产品的中心，又是分配外地城市工业品下乡的中心。开弦弓所依傍的市镇叫震泽，在开弦弓以南约 4 英里，坐手摇船单程约需两个半小时。震泽地处太湖东南约 6 英里，大运河及

---

① 同前引文，第 295 页。

苏嘉线以西约8英里。目前，可乘轮船或公共汽车到达苏嘉线的平望站。通过现有的铁路线，可在8小时以内从震泽到达上海。开弦弓的地理位置及其与上述各城市及集镇间的关系，详见图1、2。

图1　长江下游流域

图2　开弦弓周围的环境

三 经济背景

在这里，人文地理学者会正确地从人们所占据的土地的自然条件推论人们的职业。一个旅客，如果乘火车路经这个地区时，将接连不断地看到一片片的稻田。据估计，开弦弓90%以上的土地都用于种植水稻。该村每年平均产米18000蒲式耳①（第十章第二节）。仅一半多一点的粮食为人们自己所消费（第七章第五节）。村里极少有完全不干农活的人家。占总户数约76%的人家以农业为主要职业（第八章第一节）。一年中，用于种稻的时间约占6个月（第九章第三节）。人们靠种稻挣得一半以上的收入（第十二章第二节）。因而，从任何一个角度看，种植水稻是居于首位的。

此地不仅产米，人们还种麦子、油菜籽及各种蔬菜，尽管它们与主要作物相比是无足轻重的。此外，江河里尚有鱼、虾、蟹及各种水生植物等，这些都是当地的食物。

桑树在农民的经济生活中起着重要的作用。人们靠它发展蚕丝业。赖特早在1908年写道："白色生丝，即欧洲市场中的'辑里丝'，是中国养蚕农家用手抽制的……最佳生丝产自上海附近地区，该地区出口的丝占出口额的绝大部分。"②

---

① 蒲式耳：英美制计量单位，类似我国旧时的斗、升等，蒲式耳与千克的转换在不同国家以及不同农产品之间均有区别。——编者注

② 《香港、上海及中国其他通商口岸二十世纪印象记》（*Twentieth Century Impression of Hong Kong, Shanghai and Treaty Ports of China*），阿诺德·赖特（Arnold Wright）编，1908年，第291页。

蚕丝业在整个地区非常普遍，在太湖周围的村庄里尤为发达。据当地人说，它之所以成为该地特产是由于水质好。据说，所谓的"辑里丝"仅产于开弦弓周围方圆4英里的地带。这一说法的真实性暂且不论，但这个村庄在当地乡村工业中的重要地位却是毫无疑问的。在繁荣时期，这个地带的丝不仅在中国蚕丝出口额中占主要比重，而且还为邻近的盛泽镇（见图2）丝织工业的需要提供原料。在丝织业衰退之前，盛泽的丝织业号称"日产万匹"。

现代制丝业的先进生产技术引进日本、中国之后，乡村丝业开始衰退。这一工业革命改变了国内乡村手工业的命运。

"1909年以前……中国蚕丝出口量比日本大。例如1907年，两国出口量几乎相同。但到1909年，日本蚕丝出口便超过了中国，而且从此以后，日本一直保持优势。事实上近年来，日本的出口量几近中国的三倍。从我国外贸角度来看，自从1909年以来，蚕丝逐年减产。以前，蚕丝通常占我国出口总额的20%至30%，而从1909年至1916年的平均数下降至17%。"

"尽管如此，一直到1923年，蚕丝的产量虽不规则，但一直是在增加的。由于蚕丝价格下跌，出口量的增长并不一定意味着收入的增加。从1923年以后，出口量便就此一蹶不振。1928年至1930年间，出口量下降率约为20%。"[1] 1930年至1934年间，下降得更为迅速。"1934年下半年，由于日本向美国市场倾销蚕丝，中国蚕丝出口量随之降到最低水平。出口蚕丝量共计仅为1930年的五分之一。这一事实，说明了中国蚕丝贸易的不景气。"

---

[1] 《上海的蚕丝工业》（*The Silk Industry in Shanghai*），刘大钧，1933年，第9页。

"1934年生丝价格跌到前所未有的更低的水平……同样质量的丝，1934年的价格水平仅为1930年的三分之一。"[1]

工业革命影响丝织业的力量同样使国内蚕丝市场随之缩小。市场缩小的结果带来了农村地区传统家庭蚕丝手工业的破产。蚕丝业的传统特点及其近年来的衰落就形成了我们目前所分析的开弦弓村的经济生活背景。

四　村庄

现在让我们来观察一下村庄本身。村里的人占有土地共11圩。圩是土地单位，当地人称一块环绕着水的土地单位为"圩"。每个圩有一个名字。圩的大小取决于水流的分布，因此各不相等。该村土地的总面积为3065亩，或461英亩[2]。据1932年官方勘测，各圩的名称及面积如下表所示，其中有两圩部分属于其他村子，由于无明显的界限我只能粗略地估计属于开弦弓那部分土地的面积：

西长圩	986.402 亩
城角西多圩	546.141 亩
龟字圩	458.010 亩
城角圩	275.110 亩

---

[1] 《1935—1936年中国年鉴·对外贸易》，1935—1936年，第1094页。
[2] 英亩：英美制土地面积单位，1英亩约等于4046.86平方米。——编者注

凉角圩	261.320 亩
西多圩	174.146 亩
潘乡背	173.263 亩
多字圩	70.540 亩
吴字圩	56.469 亩
北城角	55.858 亩
新添圩	8.545 亩
总　计	3065.804 亩

土地可略分为两部分：庄稼用地及居住用地。住宅区仅占相当小的部分，就在三条小河的汇集处，房屋分散在四个圩的边缘。这四个圩的名称及每个圩边的房屋数目如下：

1. 城角圩	133
2. 凉角圩	95
3. 西长圩	75
4. 谈家墩（吴字圩）	57
总　计	360

研究住宅区的规划必须同村子的交通系统联系起来。在这个地区，人们广泛使用船只载运货物进行长途运输。连接不同村庄和城镇的陆路，主要是在逆流、逆风时拉纤用的，即所谓"塘岸"。除了一些担挑的小商人之外，人们通常乘船来往。几乎家家户户都至少有一条船。由于船只在交通运输上的重要位置，为便利起见，房屋必须建筑在河道附近，这就决定了村子的规划。

河道沿岸，大小村庄应运而生；大一些的村子都建在几条河的岔口。正如我们可以从图3上看到，开弦弓的"脊梁骨"系由三条河组成，暂且定名为 A、B 和 C。河 A 是主流，像一张弓一样流过村子，开弦弓便由此而得名，字面上的意思就是"拉开弦的弓"。

图3　村庄详图

在住宅区内，用船装载轻微的东西，或作短距离运输，不甚方便，因此在住房之间修起了道路以利往来。在这种情况下，河流就成了交通的障碍。各圩被河流所分割，必须用桥来连接。

这个村的陆路系统不能形成完全的环行路。在圩3的北部，大部分土地用来耕种，田间仅有小路，不便于行走，雨天尤其如此，因此，河A西端的桥便成了交通中心。小店铺大多集中在各桥附近，特别是集中在村子西边的桥旁。(第十四章第八节)

虽然如此，村庄的规划中却没有一个人们集中起来进行公共活动的专用场所。自从一年一度的唱戏停止演出后，除了夏天夜晚人们随意地聚集在桥边乘凉以外，十多年来，从未有过组织起来的公众集会。

村长的总部设在村子东端合作丝厂里面。厂址的选择是出于技术上的原因。河A的水自西向东流。由于河A供给沿岸居民的日常用水，所以把厂子建在下游，以免污染河水。

在住宅区外围有两座庙，一个在村西，一个在村北。这并不意味着人们的宗教活动都集中在村外边进行。实际上，他们的宗教活动多数都在自己家里开展。比较确切地说，庙是和尚及菩萨的住所。和尚、菩萨不仅同普通的人隔开一段距离，而且也与社区的日常生活隔开，但进行特殊仪式时除外。

公办小学在村的南端。校舍原先用作蚕丝改进社的办公室。合作丝厂建立以后便把房子给了学校。

住宅区周围都是农田，由于灌溉系统的缘故，农田地势较低(第十章第一节)。适宜于建筑的地区都已盖满了房屋，而且长期没有扩大。

新的公共机构，例如学校和合作丝厂，只有在老的住宅区外围找到地盘。它们的位置说明了社区生活的变化过程。

五 村里的人

1935 年该村的人口有过一次普查。因为出生、死亡情况一直没有连续的登记，所以我只能把这次普查结果作为分析的基础。在人口普查中，对村里的所有居民，包括暂时不在村里的人口，都做了记录。统计数字见下表：

年　龄	男	女	总　计
71+	4	15	19
66—70	10	19	29
61—65	14	32	46
56—60	30	39	69
51—55	40	38	78
46—50	26	29	55
41—45	45	38	83
36—40	69	55	124
31—35	64	45	109
26—30	75	61	136
21—25	63	52	115
16—20	68	54	122
11—15	72	61	133
6—10	73	59	132
0—5	118	87	205
?	/	/	3
总　计	774	684	1458

对那些暂时寄居在村里农户家里的人口，普查记录专设了一

栏。这些人口未包括在表中。这一栏的总人数为 25 人。

人口密度（计算时不包括水面面积）约为每平方英里 1980 人。这个数字不能与本省的平均人口密度相比，因为省人口密度是根据全省总面积（包括水面及未耕地）来计算的，那是一个总密度。我的数字代表着人和被使用的土地之间的比率。托尼教授所引述的江苏省的人口总密度是每平方英里 896 人。[①]

人们并不认为所有住在村里的人一律都是本村人。如果问本村居民，哪些人是本村的，我们就会发现当地对于本村人和外来人有着明显的区别。但这种区别并不是法律上的；从法律观点看，一个人只要在某地居住三年以上，他就成为当地社区的一名成员。[②]可是在人们的眼里，这样的人并不是真正的本村人。

为说明这种区别，不妨举一些具体的例子：那些被当作外来户的村里人。这样的外来户共有 10 家，其职业和本籍分述如下表：

职　业	户　数	本　籍
理发匠	2	镇江（江苏）
磨工兼鞋匠	1	丹阳（江苏）
杂货商	1	横塅（同区一村庄）
纺织工	1	吴家村（同区一村庄）
和　尚	1	震泽
水泵操作者	1	宁波（浙江）
银　匠	1	绍兴（浙江）
篾　匠	1	金华（浙江）
药　商	1	邹镇（浙江）

---

① 《中国的土地和劳动》（*Land and Labour in China*），R.H. 托尼（R.H.Tawney），1932 年，第 24 页。
② 《人口登记法》，1931 年 12 月 12 日。

他们的共同特点是：（1）都是移民；（2）从事某种特殊职业。我未听说一个外来人究竟需要在本村住多久才能算作本村人，但是我却听说过：外来人的孩子，虽生于本村，仍像其父母一样，被视作外来人。由此看来，并非完全根据居住期的长短来确定这种区别。

另一方面，值得研究的是这样一个事实：凡是外来户都不是农民。虽然并非所有特殊的职业都是外来人干的，但他们仍构成了这类人的三分之一（第八章第二节），从事特殊职业使他们不会很快被同化。

作为一个群体，本村人具有一定的文化特色。一个提供资料的本地人向我提到过三个显著特点：（1）本村人说话时，吐字趋于腭音化①，例如"讲""究"等等；（2）妇女不下田干活；（3）妇女总是穿裙子，甚至在炎热的夏天也穿着。在这几方面，本村人甚至与最近的震泽镇人都不相同。

那些被视为外来户的人，在生活上一直未被同化。我注意到他们的非本地口音及非本地穿着方式，例如，药店里的妇女不穿裙子。

只要外来户保留着他们自己的语言和文化差别，而且本村人注意到这些差别，那么，在这个社区内，外来户总是过着多少有所见外的生活。对本村人及外来户作出区别是颇有意义的，因为这种区别已经具有广泛的社会意义。外来户全部从事特殊

---

① 腭音化：语言学名词，指发辅音时，舌面前部略向硬腭方向抬起。腭音化在世界很多语言中都有出现。——编者注

职业，没有土地，仅这一事实就足以说明，区别是有其深远的经济后果的。

六 选择这个调查区域的理由

这个村庄有下列值得注意和研究之处：

一、开弦弓是中国国内蚕丝业的重要中心之一。因此，可以把这个村子作为在中国工业变迁过程中有代表性的例子；主要变化是工厂代替了家庭手工业系统，并从而产生的社会问题。工业化是一个普遍过程，目前仍在我国进行着，世界各地也有这样的变迁。在中国，工业的发展问题更有其实际意义，但至今没有任何人在全面了解农村社会组织的同时，对这个问题进行过深入的研究。此外，在过去10年中，开弦弓村曾经进行过蚕丝业改革的实验。社会改革活动对于中国的社会变迁是息息相关的，应该以客观的态度仔细分析各种社会变迁。通过这样的分析，有可能揭示或发现某些重要的但迄今未被注意到的问题。

二、开弦弓一带，由于自然资源极佳，农业发展到很高水平。有关土地占有制度在这里也有特殊的细节。开弦弓将为研究中国土地问题提供一个很好的实地调查的场地。

三、这个地区广泛使用水上交通，有着网状分布的水路，因而城乡之间有着特殊的关系，这与华北的情况截然不同。这样我们就能够通过典型来研究依靠水上运输的集镇系统。

除去这些考虑之外，我调查开弦弓村还具备特殊便利的条件。由于时间有限，我的调查必须在两个月之内完成。如果我在一个全然不熟悉的地方工作，要在这样短的时间内进行任何细致的研究是不可能的。开弦弓村属于吴江县，而我就是吴江人，我首先在语言上就有一定的有利条件。中国各地方言的差别是进行实地调查的实际困难之一。村里的人们除自己的方言外，一般不懂得任何其他方言。作为一个本地人，就不必再花费时间去学习当地方言。而且同乡的感情使我能够进一步深入到人们的生活中去，不致引起怀疑。

尤其是在这个村里，我可以充分利用我姐姐个人的关系。我姐姐负责蚕丝业的改革，村里的人确实都很信任她。我能够毫无困难地得到全村居民的通力合作，特别是村长们的帮助。他们理解我的意图，不仅尽一切可能提供材料，而且还提出一些可行的办法和有价值的建议，这使我的调查得以顺利进行。此外，我以前曾多次访问过该村，姐姐也继续不断地向我提供该村的情况。因此，我一开始就能直接进入调查本身，无须浪费时间去做那些初步的准备工作。

我的调查历时两个月，是在 1936 年的 7 月至 8 月进行的。在这有限的时间内，我自然不能对完整的一年为周期的社会活动进行调查。然而，这两个月在他们的经济生活中是有重要意义的，包括了一年中蚕丝业的最后阶段及农活的最初阶段。以我过去的经历及人们口头提供的资料作为补充，到目前为止，我所收集到的关于他们的经济生活及有关社会制度的材料，足以进行初步的分析。

第三章　家

　　农村中的基本社会群体就是家，一个扩大的家庭。这个群体的成员占有共同的财产，有共同的收支预算，他们通过劳动的分工过着共同的生活。儿童们也是在这个群体中出生、养育并继承了财物、知识及社会地位的。村中更大的社会群体是由若干家根据多种不同目的和亲属、地域等关系组成的。由个人成员组成的社团很少而且占次要地位。以下四章将提供该村的社会背景以便我们研究其经济生活。

一　家，扩大的家庭

　　"家庭"这个名词，人类学家普遍使用时，是指一个包括父母及未成年子女的生育单位。中国人所说的"家"，基本上也是一个家庭，但它包括的子女有时甚至是成年或已婚的子女。有时，它还包括一些远房的父系亲属。之所以称它是"一个扩大了的家庭"，是因为儿子在结婚之后并不和他们的父母分居，因而把家庭扩大了。

家，强调了父母和子女之间的相互依存。它给那些丧失劳动能力的老年人以生活的保障。它也有利于保证社会的延续和家庭成员之间的合作。

在一定的经济条件下，这个群体本身无限地扩展很可能是不利的。在扩展进程中，其成员之间的摩擦增加了。我们即将看到，家是会分的，即所谓"分家"。而且，分只要较为可取，它就分。因此，家的规模大小是由两股对立的力量的平衡而取决的：一股要结合在一起的力量，另一股要分散的力量。在下面几节里，我将分析这两股力量。

关于这村里家的规模，有一些定量的数据可以帮助我们进一步开展讨论。尽管大部分对中国的研究强调中国大家庭制度的重要性，但非常奇怪，在这个村里，大家庭很少。在家的总数中，我们发现有一对以上已婚夫妇的家不到总数的十分之一。

最常见的类型是，以一对已婚配偶为核心，再包括几个依赖于此家的父系亲属。事实上，超过一半的家，准确地说，占总数58%的家都属于此类。但并不是每一个家都有一对已婚配偶。有时候，在一个妇女丧夫之后，她就和她的子女在一起生活，而不去加入另一个单位。也有这样的情况，一个父亲和他儿子居住在一起，家中没有女人。这些都是社会解组的结果，主要是由于这个群体中从事劳动的成员死亡所致，因而它们是不稳定的。鳏夫会再结婚，孩子也会在不久的将来，一有可能就结婚。任何一种情况都能使一个不

正常的家庭得到恢复。这一类不稳定的家占总数的 27%。^①

村中，一个家的成员平均为 4 人。这说明这种群体是很小的，而且这绝不是一种例外的情况，从中国其他农村地区的材料也可以得出同样的结论。中国农村家庭，平均的人数大约是在 4 至 6 人之间。^②所谓"大家庭"，看来主要存在于城镇之中，很明显，它们具有不同的经济基础。就现有材料看，可以说，这个村里的家是一个小的亲属群体，以一个家庭为核心，并包含有几个依靠他们的亲属。

二 "香火"绵续

父母与子女、夫与妻这两种关系是家庭组织的基本轴心。但在中国所谓的"家"，前者的关系似乎更为重要。家的基本特征是已婚的儿子中往往有一个不离开他们的父母，父母之中如有一

---

① 下表列出了各类不同的家的数字：
  1. 不包括一对已婚夫妇 ·· 99
  （1）没有远亲 ·· 62
  （2）有远亲 ·· 37
  2. 包括一对已婚夫妇 ··· 223
  （1）完全与家庭一致 ·· 85
  （2）有远亲 ··· 138
  3. 有一对以上的已婚夫妇 ·· 37
  （1）父母和一个已婚儿子及其妻子 ································· 25
  （2）父母之一，和两个已婚儿子及其妻子 ························· 9
  （3）父母及两个已婚儿子及其妻子 ································· 3
    总计（不包括和尚）·· 359
② 《中国的土地和劳动》（ *Land and Labour in China* ），R.H. 托尼（ R.H.Tawney ），1932 年，第 43 页，注 1。

人亡故，更是如此。此外，为儿子找一个媳妇，被视为父母的责任。配偶由父母选就，婚礼由父母安排。另一方面，婚姻的法定行为尽管先于生孩子，但结婚总是为了有后代。生孩子的期望先于婚姻。在农村中，结成婚姻的主要目的，是为了保证传宗接代。选聘媳妇的主要目的是为了延续后代，保证生育男儿是向算命先生明白提出的要求。如果当媳妇的没有能力来完成她的职责，夫家就有很充足的理由将她遗弃而无需任何赔偿。妇女在生育了孩子之后，她的社会地位才得到完全的确认。同样，姻亲关系只有在她生育孩子以后才开始有效。因此，先从父母与孩子的关系着手来描述研究家的组织是有根据的。

传宗接代的重要性往往用宗教和伦理的词汇表达出来。传宗接代，用当地的话说就是"香火"绵缕，意思是，不断有人继续祀奉祖先。关于活着的子孙和他们祖先鬼魂之间联系的信仰，在人们中间是不太明确和没有系统的说法的。大致的观点是，这些祖宗的鬼魂生活在一个和我们非常相像的社会中，但在经济方面他们部分地依靠子孙所做的奉献，这就是定时地烧纸钱、纸衣服和其他纸扎的模拟品。因此，看来死者在阴间的福利还是要有活人来照管的。

有人用纯伦理的观点来解释生育子女的重要性。他们认为这是一种做人的责任，因为只有通过他们的子女才能向自己的父母偿还他们对自己的抚育之恩。因此，要有子女的愿望是出于双重的动机：首先是传宗接代；第二是向祖宗表示孝敬。

这些信仰，无疑地和宗教及伦理观念联系在一起，同时也有实际的价值。在以后的章节里我将说明子女如何有助于建立夫妇间亲密的关系，因为丈夫和妻子在结婚前是互不相识的。子女还起着稳定家庭群体里各方关系的作用。子女的经济价值也是很重要的。孩子很早就开始给家庭福利做出贡献，常常在 10 岁之前，就打草喂羊。女孩在日常家务劳动及缫丝工业方面是非常有用的。再者，孩子长大结婚后，年轻的夫妇代替父母担负起在田地上及家庭中的重担。当父母年老而不能劳动时，他们就由儿子们来赡养。这些可以由以下的事实来说明：这个村子中有 145 名寡妇，她们不能靠自己的经济来源维持生活，但这并没有形成一个严重的社会问题，因为她们之中的绝大多数都由成年子女赡养。从这个意义上来说，孩子是老年的保障，即所谓"养儿防老"。

亲属关系的社会延续问题，由于强调单系的亲属关系而变得复杂起来。一个人的身份和财产并不是平等地传递给子女的，总是把重点放在男性这一边。在幼年时期，男孩和女孩都由父母抚养。他们都用父亲的姓氏。但当他们长大成亲后，儿子在分家前还继续住在父母的房屋里，而女儿则离开父母去和自己的丈夫住在一起。她在自己的姓名前要加上丈夫的姓氏。她除了能得到自己的一份嫁妆外，对自己父母的财产不能提出什么要求。出嫁的女儿，除了定时给父母送礼品及有时给父母一些经济帮助外，她也没有赡养自己父母的责任（第五章第二节）。财产由儿子继承，他的责任是赡养其父母（第四章第三节）。在第三代，只有儿子的儿子接续他的家系。女儿的孩子则被视为亲戚关系，他们使用自己父亲的姓氏。因此，在村子中，传代的原则是父系的。

然而，这个原则有时也可以根据需要加以修改。经过协议，女儿的丈夫也可以在自己的姓名前面加上他妻子的姓，他们的孩子则接续母亲的家系。也有时夫妇双方各自接续双方的家系。总之，这些是总的原则在特定条件下的次要变动（第四章第四节）。由于男女平等的新概念，现行的法律制度企图改变这种传统的偏重单系的亲属制度（第四章第六节）。关于这些变化，留到以后再加以讨论。

三　人口控制

尽管村中的人认识到后代的重要性，但现实中还存在着必须限制人口的因素。儿童的劳动能对家庭经济做出贡献，这是事实，但必须要有足够的劳动对象来利用这些劳动力，由于拥有土地的面积有限，能养多少蚕也有限度，家中多余的成员，成了沉重的负担，有鉴于此，让我们先来观察一下这个村平均的土地拥有量情况。

该村的总面积为3065亩，农地占90％，如果将2758.5亩农田平均分配给274家农户，则意味着每户只能有一块约10.06亩大的土地。正常年景，每亩地能生产6蒲式耳稻米。一男、一女和一个儿童一年需消费33蒲式耳稻米（第七章第五节）。换句话说，为了得到足够的食物，每个家庭约需有5.5亩地。目前，即使全部土地都用于粮食生产，一家也只有大约60蒲式耳的稻米。每户以4口人计算，拥有土地的面积在满足一般家庭所需的粮食之后，仅能勉强支付大约相当于粮食所值价的其他生活必需品的供应。因此，我们可以看到，这个每家平均有4口人的村子，现有的土地已受到相当重的人口压力。这是限制儿童数量的强烈因素。

按照当地的习惯，孩子长大后就要分家产。有限的土地如果一分为二，就意味着两个儿子都要贫困。通常的办法是溺婴或流产。人们并不为这种行为辩护，他们承认这是不好的，但是有什么别的办法以免贫穷呢？从这个村子中儿童的总数可以看到这个结果：16岁以下儿童，总共只有47名，平均每家1.3个。

杀害女婴就更为经常。父系传代及从父居婚姻影响了妇女的社会地位。在父母亲的眼中，女孩的价值是较低的，因为她不能承继"香火"，同时，她一旦长成，就要离开父母。结果0至5岁年龄组的性别比例是：100个女孩比135个男孩（第二章第五节）。只在131家中，即占总数37%的家中，有16岁以下的女孩（不包括"小媳妇"），只在14家中，有一个以上的女孩。

正因为人口控制是为了预防贫穷，一些有着较大产业的家庭就不受限制地有更多的子女。他们对自己有为数众多的子女感到自豪，而在人们的眼中，又视之为富裕的象征。有后嗣的愿望，厌恶杀婴、流产及经济上的压力等等，这些因素同时发生作用使土地的拥有量趋向平均化（第十一章第六节）。

四 父母和子女

孩子出生之前，当母亲的已经有了明确的责任。在妊娠期间，当母亲的要避免感情冲动，避免观看令人憎恶的事物，禁忌吃某些食物等。这种看法叫"胎教"。期望母亲的良好行为会影响到孩子将来的性格。对父亲则无特殊的要求，只是认为他应避免和妻子同房，因为这被认为对孩子的生理发育不利，甚至可能导致夭亡。

对生育的期待与恐惧，使家庭充满了紧张的气氛。怀孕的妇女被认为处于特殊地位并免除了她各项家务劳动。这是因为人们对性有一种不洁净的意识。她自己的父母也分担了这种紧张。小孩快出生之前，娘家的父母给她喝药汤。母亲要在女儿房里陪住几天，以便照顾她。她的母亲也有责任去洗涤污脏的衣服，并在产后，守在她身边。

孩子出生后，按习惯当母亲的不长期休息。她在一个星期之内便恢复家务劳动。当地向我提供情况的人认为，这种做法是造成妇女产后高死亡率的原因。真实的死亡率还不得而知，但在人口统计中，26 至 30 岁及 41 至 45 岁两年龄组妇女人数的明显下降（第二章第五节）说明了这个问题。

婴儿的死亡率也是高的。如果把年龄组 0 至 5 岁与 6 至 10 岁相比较，会发现人数有很大的下降。两组数字相差为 73 人，占 0 至 5 岁年龄组总数的 33%。这种现象也反映在当地人迷信"鬼怪恶煞"上。孩子"满月"时要剃头，并由孩子的舅父起一个小名。这通常是一个带贬义的名字，如阿狗、阿猫、和尚等等。人们迷信孩子的生命会被鬼怪追索，受父母宠爱的孩子尤其如此。保护孩子的一种办法，就是向鬼怪表示，没有人对这孩子感到兴趣；其理由是鬼怪性喜作恶，看父母溺爱孩子，就要进行打击；孩子既然受到冷淡，鬼怪就不再继续插手了。甚至有时采取这样一些方法：名义上把孩子舍给那些被认为大有影响，甚至在神道面前也是很有影响的人物，以求得保护。这种假的领养孩子的办法以后还会讲到（第五章第三节）。因此，父母原来在表面上表露出来的对儿子的珍爱，被小心地掩藏起来了。

关于父母以及长亲对孩子的态度问题，必须联系下述各种因素来加以理解。这些因素是：由于经济压力需要控制人口；儿童为数很少；婴儿死亡率高；迷信"鬼怪恶煞"；要子嗣的愿望及有关的宗教伦理观念。从这众多因素的结合中可以看到，活下来的孩子便受到高度的珍爱，虽然从表面上看，对待孩子的态度是淡漠的。

村里的孩子整天依恋着他们的母亲。只要有可能，孩子总是被抱在手里，很少用摇篮。孩子吃奶要吃到 3 岁或更长的时间。喂奶无定时。每当孩子哭闹，母亲立刻就把奶头塞到孩子的嘴里，使他安静下来。村里的妇女不到田里劳动，整天在家中忙碌。因此在平常的环境里，母子的接触几乎是不间断的。

孩子与父亲的关系稍有不同。在妻子怀孕和生孩子时，丈夫并没有什么特殊的责任。在一年之中，男人有半年以上的时间在户外劳动。他们早出晚归，夫妻之间、父子之间的接触相对地比较少。在孩子的幼年，就孩子来说，父亲只是母亲的一个助手，偶然还是他的玩伴。在妻子养育孩子时，丈夫会接过她的一部分工作，甚至是厨房里的工作。我曾经看到，一些年轻的丈夫，经过一天忙碌的劳动，在傍晚余暇的时候，笨拙地把孩子抱在手里。

孩子大一些以后，父亲对孩子的影响就增加了。对男孩来说，父亲或为执行家法的主要人物，对女孩子，则管得较少些。母亲对孩子总有点溺爱。当孩子淘气时，母亲往往不惩罚他而只吓唬说要告诉他的父亲。而父亲经常用敲打的办法来惩罚他。傍晚时分，常常听到一所房子里突然爆发一阵风暴，原来是一个坏脾气的父亲在打孩子。通常这阵风波往往由母亲调解而告平息。有时，也在夫妻之间引起一场争辩。

孩子过了 6 岁就参加打草、喂羊的劳动。孩子们对这种劳动很感兴趣，因为可以和同伴们在田野里随便奔跑而不受大人的任何干涉。女孩子过了 12 岁，一般都待在家中，和母亲共同操持家务和缫丝，不再和孩子们在一起了。

只有通过这样一个过程，一个依赖别人的孩子才逐渐成为社区的一个正式成员，同样，通过这种逐渐的变化，老年人退到了一个需要依靠别人的地位。这两个过程是总的过程的两个方面，这就是社会职能逐代的继替。虽然在生物学上一代代的个体是要死亡的，但社会的连续性却由此得到了保证。由于社区的物质条件有限，老的不代谢，新生力量的社会功能就得不到发挥。农村中物质基础的扩大极为缓慢，情况尤为如此。例如，在生产技术不改变的情况下，土地所需要的劳力总量一般来说是不变的。一个年轻人的加入便意味着生产队伍里要淘汰一个老人。

虽然这个过程是缓慢的，但老的一代逐步隐退。在这一过程中知识和物质的东西从老的一代传递给青年一代，同时，后者便逐步承担起对社区和老一代的义务。因此，也就产生了教育、继承和子女义务等问题。

五　教育

孩子们从自己的家庭中受到教育。男孩大约从 14 岁开始，由父亲实际指导，学习农业技术，并参加农业劳动。到 20 岁时，他成为全劳力。女孩子从母亲处学习蚕丝技术、缝纫及家务劳动。

另外还要讲几句村里的学校教育。公立学校根据教育部的教学大纲进行教学。学生就学的时间为 6 年，是单纯的文化教育。如果孩子在 6 岁开始上学，在 12 岁以后还有足够的时间来学习他的主要职业技能，蚕丝业或农业劳动。但在最近的 10 年里，养羊开始成为一种重要的家庭副业。以后我们还要讲到这个问题。羊是饲养在羊圈里的，因此要为羊打饲草（第八章）。打草就成了孩子们的工作。因此，村子里的经济活动与学校的课程发生了矛盾。

再说，文化训练并不能显示对社区生活有所帮助。家长是文盲，不认真看待学校教育；而没有家长的帮助，小学校的教育是不易成功的。学校里注册的学生有 100 多人，但有些学生告诉我，实际上听课的人数很少，除了督学前来视察的时间外，平时上学的人很少超过 20 人。学校的假期很长。我这次在村中停留的时间比学校正式的放假时间长，但我仍没有机会看到村中的学校上课。学生的文化知识，就作文的测验看，是惊人地低下。

姓陈的村长，他曾经当过村中的小学校长，向我诉说，认为这种新的学校制度在村中不能起作用。很值得把他的理由引用在下面：第一，学期没有按照村中农事活动的日历加以调整（第九章第三节）。村中上学的学生大多数是 12 岁的孩子，他们已到了需要开始实践教育的年龄。在农事活动的日历中有两段空闲的时间，即从 1 月至 4 月及 7 月至 9 月。但在这段时间里，学校却停学放假。到了人们忙于蚕丝业或从事农作的时候，学校却开学上课了。第二，学校的教育方式是"集体"授课，即一课接着一课讲授，很少考虑个人缺席的情况。由于经常有人缺席，那些缺课的孩子再回来上课时，就跟不上班。结果是，学生对学习不感兴趣，并造成了进一步的缺课。第三，现在的女教员在村中没有威信。

在这里，我不能就此问题更深入一步进行讨论，但明显的是，村中现有的教育制度与总的社会情况不相适应。廖泰初先生在山东地区对教育制度进行了实地调查。从他的材料中可以看到，不适应的情况不限于这个村子，而是中国农村中的普遍现象。[1]应当进一步进行系统的调查以便提出更为实际的建议。

六　婚姻

关于继承问题和子女的义务问题，在通常情况下并不会提出来，要到孩子长大成人并且要结婚的时候才会提出来。因此，我们首先要提到婚姻问题。

在这个村子里，儿女的婚姻大事完全由父母安排并且服从父母的安排。谈论自己的婚姻，被认为是不适当的和羞耻的。因此，这里不存在"求婚"这个说法。婚配的双方互不相识，在订婚后，还要互相避免见面。

婚姻大事，在孩子的幼年，经常在 6 至 7 岁时就已安排了。如果要在较大的范围内进行选择，这是必要的，因为好人家的孩

---

[1] 《动变中的中国农村教育》，燕京大学，1936 年。

子往往很早就订了婚。村中向我提供情况的人曾多次说到，如果女孩订婚过晚，她就不能找到好的婚配对象。但由女孩的母亲来提亲也是不合适的。而且前面讲过，母亲和女儿之间的关系是极为紧密的。结婚意味着女儿和她父母的分离，因而当母亲的总是很勉强地来办这件事。女儿留在父母的家中时间过长也是不可能的。在父系社会里，女人没有权利继承她父母的财产。她的前途，即使是一个安定的生活，也只有通过她的婚姻才能得到。因此，需要有第三者来为双方的婚姻做出安排。村里的人说做媒是一件好差事，因为媒人从中说合可以得到很好的报酬。

媒人的第一件事是弄清楚女方的生日，就是在红帖上写明女孩的"八字"，即诞生的年、月、日及时辰。当父母的对媒人送去红帖子的那一家男方从来不表示反对，至少是假装不反对。媒人把红帖送到有合适男童的家庭时，把红帖供在灶神前面，然后媒人说明来意。一个普通家庭的男孩，同时会收到几张帖子，因而他的父母可以进行选择。

下一个步骤是男孩的母亲拿着红帖去找算命先生。他将根据生辰八字的一种特殊推算办法，来回答一些问题，即这个女孩的命与男孩家里人是否和谐。他要对每个女孩命中的优点加以介绍，并圆滑地让他的顾客来表示她的真实态度，并依此做出决定。即使算命先生的判断和顾客的意愿不一致，顾客的愿望通常是犹豫不定的，她不一定要把算命先生的话当作最后决定。她可以找这位算命先生再商量，或者另找一位算命先生。

用理智选择儿媳妇是一件很难的事情。没有一个女孩子是完美无缺的，但每户人家都想找到最好的。因此很容易出错。如果找不到其他出错的原因，那就要归罪于挑选的人了。因此，算命先生不仅是充当做出决定的一种工具，同时，也被用作把错误的责任推卸给上天意志的一个办法。如果婚姻不美满，那是命运。这个态度实际上有助于维持夫妻关系。但必须明白，真正起作用的挑选因素，首先是男孩父母的个人喜好，在表亲婚配时尤其如此（第三章第八节），但这都被假装说成为"天意的决定"。

挑选时主要考虑到两点：一是身体健康，能生育后代；二是养蚕缫丝的技术。这表明了对一个儿媳妇所要求的两个主要职能，即是，能绵续家世及对家中的经济有所贡献。

当一个对象被选中之后，媒人就去说服女方的父母接受订婚。按照风俗习惯，女方应当首先拒绝提亲。但只要不出现其他竞争者，一个会办事的媒人，不难使对方答应。为了做好以后的婚事安排，要进行长时间的协商，双方的协议要经过第三者，即媒人来达成。村里的人说，在协商的阶段双方家长相持如同对手一般。女孩的父母提出极高的聘礼要求，男孩的父母表示要求过高，难于接受，媒人则在中间说合。聘礼包括钱、衣服、首饰等，聘礼分三次送去。聘定所花的钱，总数约在 200 元至 400 元之间。①

如果把双方的争议看成一件经济交易是完全不正确的。财礼并不是给女孩父母的补偿。所有的聘礼，除了送给女方亲属的一部分外，这些聘礼都将作为女儿的嫁妆送还给男家，而其中还由女方父母增添了一份相当于聘礼的财物。究竟女方的父母增添多

---

① 按正常兑换率，中国币制 1 元等于英国货币约 1 先令至 1 先令 3 便士。

少嫁妆，是较难估计的，但按照一般能接受的规则来说，增添的财物如果抵不上聘礼，那就是丢脸的事，女儿在新的家中的地位也将是尴尬的。

尖锐而热烈的协商本身具有双重的意义。它是母爱与父系继嗣这两者之间斗争的心理反映。就像人们所说的，"我们可不能随随便便地把女孩子给人家"。从社会学方面看，它的重要性在于，这些聘礼与嫁妆事实上都是双方父母提供新家庭的物质基础，同时也是为每一家物质基础定期地更新。

应当明确，从经济观点来看，女儿的婚姻对女方父母是不利的。女孩一旦长成，能分担一部分劳动之后，却又被人从她的父母手中夺走，而父母为了把她抚育成人，是花了不少钱的，所收下的聘礼并不属于父母，这些聘礼要作为嫁妆陪嫁；此外，还要加上一份至少和聘礼相等的嫁妆在内。新娘婚后将要在她丈夫家里生活和劳动，这对她父母来说，是一种损失。再说女儿结婚后，她的父母和兄弟又对这门亲戚承担了一系列新的义务，特别是对女儿生的孩子将承担更多的义务。在现实生活中，不论父方还是母方的亲戚，都对孩子感到兴趣，但由于是单系继嗣，因而孩子对他母亲方面的亲戚承担的义务较小（第四章第五节及第五章第二节）。在女方父母方面，对女儿出嫁受到的损失所做出的反应，首先表现在整个安排过程及举行婚礼方面；同时，也表现为大量溺死女婴，从而造成人口的男女性别比例失调的现象。

婚礼照例有如下的一些程式。由新郎去迎亲，乘坐一条特备的"接亲船"。他要做到很谦逊而不惹事，他要面对的是新娘家的一群亲戚，他们对他的态度通常都是装得不友好的。他的一举一动必须严格按照习惯行事，一些专门管礼仪的人在旁进行指导。发生的任何一个错误都会使整个进程停下来。有时，这种仪式要延续整整一夜。最后结束的场面是新娘做出表示拒绝的最后努力。她在离开她父母的房子之前痛哭流涕，于是由她父亲进行"抛新娘"的仪式，把新娘送进轿子。如果她没有父亲，则由父方的最近男亲来代替。一旦新娘上了船，男方的迎亲队伍马上安静地离去，乐队默默无声，直到离开村庄。女方亲属的这种象征性的对抗，往往会引起男家亲戚们不愉快的感觉，如果他们缺乏幽默感的话。

下一步的程序是用"接亲船"接新娘、两人拜堂、新娘向丈夫的亲戚见礼以及向男方的祖先祭拜等等。这些，我在这里就不详加描写了。新郎的父母为亲友准备了盛宴，这是亲属会集的一个场合，他们之间的联系因而也得到了加强。每门亲朋都要以现钱作贺礼，至于送多少钱，由他们之间的关系亲疏而定。举行婚礼的开支，在 200 元至 400 元之间。

七　家中的儿媳妇

女孩子终于到了她丈夫的家中。她发现自己处在陌生人的中间，但这些人又属于和她有着最亲密的关系的人。她的地位是由习俗来支配的。夜间，她和丈夫睡在一起，她必须对丈夫十分恭顺。她只能和丈夫发生两性关系。白天，她在婆婆的监督下从事家务劳动，受她婆婆的管教。她必须对她的公公很尊敬但又不能亲近。她必须灵活机敏地处理她和小姑子、小叔子的关系，否则他们将同她捣乱。她要负责烧饭，而在吃饭的时候，她只能坐在饭桌的最低下的位置，甚至不上桌吃饭。

必须记住，她在娘家的时候，生活是相当自由的，因此，可以想象她进入了一个什么样的新环境。这是她要严守规矩的时候了。她偶然也被允许回家去看望她的母亲，并向她的母亲哭诉一番以解心头之闷，差不多所有的新娘都是这样做的。但正如俗话所说"泼水难收"，没有人再能帮助她。她只能接受她的地位和处境。宗教信仰在此也起着促进的作用。人们相信，人间的姻缘是由月下老人用肉眼看不见的红线绿线牵在一起的。在结婚仪式上也象征性地用红绿绸带来表示这种结合。每一个结婚典礼中都可看到刻印在纸上的"月老"神像。人类本身无能为力的感觉，引起了这种宗教信仰，并借此减轻现实的压力。至少在这种情况下，可以缓和新娘的反抗倾向。

一般说来，新娘适应她夫家的状况并不需要很长的时间。她在家中，特别对从事蚕丝生产是很有用的。后面还要讲到，蚕丝业在家庭经济中占有很重要的地位（第十二章第二节）。在结婚之后的第一个春天，新的儿媳妇必须经过这样的一种考试。新娘的母亲送给她一张特殊挑选出来的好蚕种。她完全靠自己的能力来养这批蚕。如果她养得好，显示了她的技能，就能赢得她婆婆的好感。这被认为是女孩子一生中的重要时刻，据此可以确定她在丈夫家中的地位。

同样，她如果能生一个孩子，特别是一个男孩，她的地位也可以得到提高。在生孩子之前，丈夫对她的态度是冷淡的，至少在公开场合是如此。在讲话的时候，丈夫都不会提到她。甚至在家中，只要有别人在场，她的丈夫如果表示出对她有一些亲密的感情会被认为是不妥当的，结果会成为人们背后议论的一个话题。在这种情况下，夫妻之间坐也不挨得很近，而且彼此极少交谈。他们宁愿通过第三者来交谈，而且彼此还没有一个专门名词来称呼对方。但一旦生了孩子，当丈夫的就能称他的妻子为"孩子的妈"。从此之后，他们能比较自由地交谈，彼此之间也能较自然地相处。对于其他亲属来说，情况也是相同的。真正使丈夫的家接受一个妇女的，是那个孩子。对孩子的关怀是家中的一种结合力量。

然而，新娘和她的新的亲属之间的关系，要调整得好，总是有困难的。她对自己的丈夫，由于过去并不熟悉，也许不会很快就喜欢他。人们对一个妇女与婚姻之外的任一个男性比较亲密的关系都存在着偏见。为了防止这种可能性，社会上绝不允许成年的女孩和男孩有亲密的关系，以严格保持女孩婚前的贞洁。女方的任何失检将导致原定婚约无效，并亦为其他的婚事安排带来困难。对已婚妇女的通奸，看得更为严重。从理论上说，当丈夫的可以杀死奸夫而不受惩罚，然而在实际上很少这样做。由于结婚花费很贵，防止人们遗弃有不轨行为的儿媳。晚上人们聚拢在一起时，也会很随便地谈到私通的事。我的情况提供者告诉我，有那么一个例子，有一个丈夫因经济上的原因纵容妻子另有一个男人。但毫无疑问的是，妻子的不忠实始终是家庭中发生争吵的一个因素。

但家庭纠纷更经常地发生在媳妇和婆婆之间。人们理所当然地认为婆婆是媳妇的潜在对手。她们之间发生摩擦是司空见惯的，因而关系和睦就会得到特殊的赞扬。有人如果听到老年妇女的私下议论，就会证实我的说法。那些老年的妇女总是喋喋不休地咒骂她们的儿媳。如果考虑到日常的家庭生活，婆媳之间存在的潜在冲突是可想而知的了。丈夫和公公白天不在家中，终日外出劳动，但婆婆总是在家。儿媳对婆婆本来毫无感情基础，来到这个家之后，感到自己被婆婆看管着，且经常受到批评和责骂。但她必须服从婆婆，否则，丈夫会替婆婆来打她。婆婆就代表着权力。

老年妇女都有类似的观点，认为儿媳妇总是不合意。我在前面已经指出过，父母和孩子之间的联系是紧密的。夫妻之间的关系，在一定的意义上说，是父母与儿女关系中的干扰因素。如果婆媳之间发生纠纷，当丈夫的不能完全置身事外。如果他站在母亲一边，这往往是结婚后不久发生的情况，夫妻之间将发生争吵。如果他站在妻子一边，就成为母子纠纷。我曾亲眼看到过这样一个例子，由于婆媳之间的纠纷，儿子对母亲大发雷霆以致打了母亲，受到社会的谴责。家庭中的这种三角关系使家庭很难保持和睦相处。

如果纠纷闹得忍无可忍，儿媳妇就可能被休弃。休妻通常是由婆婆提出，甚至违背自己儿子的意愿。如果婆婆能为采取这种行动找到一些站得住脚的理由，如儿媳通奸、不育等，则儿媳不能要求赔偿，否则必须给离弃的女方60至70元。当儿媳的没有权利来改变这种行动，但她可能说服她的丈夫坚定地站在她一边。如果发生后一种情况，就要闹分家。

媳妇无权提出离婚。她唯一可以采取的有效行动是放弃家庭。她可以逃奔到城里去，在那里找些事干来维持生活，直到有可能和家庭慢慢达成和解。如果她丈夫坚决地支持他的母亲，以致夫妻和好无望时，她可能采取更加绝望的行动，即自杀。人们普遍都迷信她将变成鬼为自己报仇。此外，她自己的父母、兄弟将要求赔偿，有时甚至把丈夫的房子部分拆毁。因此，仅仅是自杀的威胁，实际上已足以使人们重新言归于好。另一方面，当婆婆的由于害怕面临这种可能性，因而她通常还不敢把媳妇逼到这种地步，以免激起她自己都十分害怕的后果。

家中的不和睦也不应当加以夸张。在这群体中，基本的情况是合作的。当婆婆的有特权，这是事实，只要她得到她的丈夫和儿子的支持。但也应当考虑到她维护家规所具有的教育作用。男孩从父亲那里受到的管教，媳妇从婆婆处得到。而且正像人们所说的那样，日久天长总有公道。因为当这个女孩自己有了一个儿子并娶了妻，她自己也能享受当婆婆的特权。一个媳妇的经济价值和对小孩的共同兴趣，使家庭中得失相抵，大致上得到了和谐。

八　表亲婚姻与"小媳妇"

我已扼要地叙述了父母与子女的关系及夫妻关系，并提出了这样的事实，在男方和女方亲家之间，很明显地缺少经济的互惠关系。而且婚姻的安排很少考虑到丈夫和妻子的爱好，因而存在着家庭不和睦的可能性，它会导致家的不稳定。从长远看来，经济互惠还是存在的，它是亲属制度基本稳定力量；但在短时期内，媳妇的处境不利于这个群体的和睦相处。因此，表亲联婚成了一种解决问题的办法。

在村中可以看到有两种不同的表亲婚姻。一个女孩子嫁给她父亲的姊妹的儿子，叫作"上山丫头"，"上山"意味着家庭的兴旺。一个女孩子嫁给她母亲的兄弟的儿子，叫作"回乡丫头"，就是一个女孩又回到她的本地。这被认为是对这家不利的。可以从这字面上表达的意思，看到人们都喜欢"上山"的一类，而不喜欢"回乡"的一类。

让我们来看看这两种类型之间有哪些真正的不同。如甲家庭在第一代将一个女孩给乙家庭，成为乙家的儿媳妇；到了第二代，又重复了这个过程，这种婚姻就叫作"上山"型。如果这个过程在第二代向相反方向发展，这女孩子的婚姻就成了"回乡"型。在第一种情况下，这女孩子成为她父亲的姊妹的儿媳，她的婆婆是从她的父亲的家中来的，和儿媳的父亲还有着亲密的关系；而在第二种情况下，一个女孩成为她母亲的兄弟的妻子的儿媳。兄弟的妻子曾在婆婆手里受过苦的。兄弟的妻子的婆婆正是女孩的母亲的母亲。当母亲的总和她出嫁的女儿之间存在着一种亲密的关系，而这种亲密的关系往往被她的儿媳所忌恨。当这个女孩子落到了她母亲的兄弟的妻子手上当儿媳，而她的婆婆正是她母亲的母亲的儿媳，她正好成了她婆婆报复的对象。

在这种家庭情况下，可以看到心理上的因素往往超过了经济上的因素。因为从经济观点来看，第二种情况更利于两家在承担义务问题上取得平衡。

我不能证实每类表亲婚姻的准确数字。但向我提供情况的人认为，如果有合适的"上山"型婚配机会，往往就办成了。在邻村，只有一对"回乡"型的婚姻，恰好成为被引用来作为结局不愉快的最新证据。此外，从中国南部得到的对比材料也证明了这里所提出的结论。在那里，一样的父系家庭制度以及婆媳之间潜在冲突，同样，也存在着偏爱"上山"型表亲婚姻的情况。[①]

女孩带来的经济负担导致了大量的溺女婴，这在前面的章节里已有所述。现存的两性比例的情况，使一些贫穷的男孩子难以找到对象。如果以 16 岁为结婚的最低年龄，我们发现有 128 个婚龄男子，占总数的 25%，仍是单身汉。另一方面，超过 16 岁的妇女只有 29 名，占总数的 8%，没有结婚。25 岁以上的妇女没有一个是未婚的，但村里却有 43 个 25 岁以上的男单身汉。

两性比例的不平衡也影响到夫妻之间的年龄差别。在 294 例中，夫妻之间的平均年龄差别为 4.9 岁，其中，丈夫比妻子平均大 3.65 岁。应当知道，在农村里娶年龄太小的妻子并没有什么好处，因为她们还不能分担家务劳动。有许多例妻子的年龄大于丈夫，事实上，有一对夫妻，女的比男的大 11 岁。

我必须进一步说明，这些数字仅限于这个村子，而大部分婚姻是本村与外村之间的。因此，我假定在别的村子中也存在着相同的情况。这种假设是由以下的事实来证明的，即进行婚配的地区与从事某种家庭工业的地区是相同的，而这地区的蚕丝业对女

---

① 《福州的族村》（汉文），林耀华，未出版的专著，燕京大学，及《中国南方的农村生活》（*Country Life in South China*），库尔普（Kulp），1925 年，第 167—168 页。

孩子的需求也是相同的。在城市中，情况可以不同，城市中的两性比例尚不清楚。但农村中的人，常把女孩送到城里去给大家庭做养女，或把她们送到慈善机构里去，以代替溺婴。此外，我发现在城中较少溺婴。因此，可以预期在城市中女性的比例比农村中为高。由于农村和城市中两性比例的不同，导致了从城市中把妇女送到农村的现象。例如，在城里的年轻女佣，到了结婚的年龄，她的主人就为她安排一门农村的亲事。在这个村子中，我知道有 11 对（占已婚妇女的 2.5%）就属于这种情况。

晚婚也是由于婚事费用过高而造成的。虽然我还没有找到这种开支的一个肯定的数字，粗略地估计，大约需 500 元（第七章第七节）。这个数字相当于一个家庭一年的开支。由于近几年来经济萧条，村里几乎中止办婚事。农村工业的不景气从根本上向现存的婚姻程序进行了挑战。但由于成婚是不可能无限期推迟的，所以出现了另一种结婚的方式，这就是所谓的"小媳妇"制度，"小媳妇"的意思是年幼的儿媳妇，即别的地方所说的"童养媳"。

在女孩很小的时候，男孩的父母领养了她。她未来的婆婆甚至还要给她喂奶，并一直要抚养她到结婚。如果这女孩是在她丈夫家中养大的，那么婚姻的一切复杂程序如做媒、行聘、接亲船、轿子等等都不再需要了。有些"小媳妇"甚至不知道她自己的父母。而那些与自己父母还保持联系的女孩，由于早期即与父母分离，父母对她们也就没有特别的兴趣。婚事的费用，可以缩减到少于 100 元。

由于这种新的制度，家中的成员之间的关系和姻亲之间的关系起了很大的变化。我曾观察到，有许多从幼年起就被未来的婆婆带领大的女孩子，十分依附于她的婆婆，就像一个女儿对母亲一样。特别是，如果这家真的没有女儿，情况就更是如此。甚至那些受到未来的婆婆虐待者，逐渐习惯于自己的地位，在婚后也不至于经受不起。故婆媳之间的纠纷，即使不能完全避免却常常不是那么尖锐。姻亲关系是松散的，在许多情况下它已经消失了。

在最近的10年里，"小媳妇"的数字增加了。在已婚的439名妇女中，有74人，即17%，在婚前是"小媳妇"。但在未婚的妇女中，"小媳妇"有95人，而非"小媳妇"有149人，"小媳妇"占39%。平均起来，每2.7户人家就有一个"小媳妇"。这个数字是非常有意义的。但现在就来预测这种制度进一步发展的情况，为时尚早。从成婚率和人们关心的程度来看，传统的婚姻仍然是主要的制度。"小媳妇"制度是受到轻视的，因为它是在经济萧条的时候产生的，而且通常是贫困的人家才这么做。此外，它使姻亲联系松散，影响亲属结构的正常功能。它对妇女的地位，甚至对年轻夫妇建立一个独立的家庭都有不利的影响，因为他们缺少双方的父母供给的聘礼和嫁妆。有意思的是，据提供情况者说，此类型的婚姻，在太平天国运动（1848—1865年）之后，曾在很相似的情况下流行过。太平天国运动以后接着是普遍的经济萧条。但一旦情况恢复正常，传统婚姻就取代了这种类型的婚姻。

第四章　财产与继承

一　所有权

在开始讨论财产和继承问题以前，有必要在本章加述一节所有权的问题。关于土地所有权问题，我将在以后章节中论述。

所有权是一物与个人或一组人之间的一定关系。所有者根据惯例和法律规定，可以使用、享有和处理某物。关于这一问题有下列三方面需要研究：所有者、物、所有者与物之间的关系。我们从村里的人了解到他们对财产的一种分类办法。他们是根据所有者的性质来分类的。

一、"无专属的财产"。每个人，可以无例外地自由享用此类财产——如空气、道路、航道等。但自由享用必须是在不侵犯别人享用的条件下进行。以航道或水路为例，每个人均能享用村里的河流，但不允许其在使用时做出对当地居民有害的事。夜间停止使用河流，除得到守夜人许可外，任何人不得通过。又如，即使在白天，船只不得堵塞航道，船只停留时，必须靠岸以使他人通过。

二、村产。凡该村居民，均有同等权利享用此类财产，如：周围湖泊河流的水产品、公共道路和坟地上的草。但在某些情况下，此类财产的处理权在村长手中。这将在"土地的占有"这一章（第十一章第一节）中作更详细的描述。

属于其他地域群体的物很少，也许我们可以提到"刘皇"的偶像，它属于"段"这个群体所有（第六章第三节）。

三、扩大的亲属群体的财产。村里的氏族没有任何共同的财产。但兄弟之间分家后，仍然可共用一间堂屋（第七章第二节）。祖坟不列入真正的财产，因为它对子孙后代没有任何用处，相反，后代有修缮祖坟的义务。同一祖宗的各家均有这种义务。

四、家产。此类财产是下一节要讨论的主要题目。

村里的人告诉你的都可包括在这四类财产之中。村里全部东西也可依据这四类来分类。可能有人会惊奇地注意到，没有列出个人的所有权。实际上，个人所有权总是包括在家的所有权名义之下。譬如，你问一个人，他的烟斗是属于他的还是属于他家的，他会回答是属于这两者的。说烟斗是他家的，意思是别家的人不能用这烟斗。说烟斗是他个人的东西，指的是，他家里的其他成员不用这烟斗。这两种所有形式对他来说似乎并不互相排斥。个人拥有的任何东西都被承认是他家的财产的一部分。家的成员对属于这个群体内任一个成员的任何东西都有保护的义务。但这并不意味着这个群体中的不同成员对一件物的权利没有差别。家产的所有权，实际表示的是这个群体以各种不同等级共有的财产和每个成员个人所有的财产。

物还可以按其不同的用途来分类：

一、用作生产资料的物，如土地、养蚕缫丝用的房屋、羊栏、农具、厨房等。

二、消费品。

1. 用后未破坏或消耗尽的，如房间、衣服、家具、装饰物等。

2. 用后被破坏或消耗的，如食物等。

三、非物质的东西，如购买力（以钱币形式出现）、信贷、服务，以及相反方面的，如债务。

二 家产

拥有财产的群体中，家是一个基本群体。它是生产和消费的基本社会单位，因此它便成为群体所有权的基础。但如前所述，家的集体所有权的部分，对这个群体的各个成员并不完全保持同等权利，所以必须分析不同种类的物如何为不同的成员所拥有。同时也需要分析不同类型的所有权是如何在各成员之间分配的。

土地是由农户全体成年男子或一些成年男子耕种的。男孩有时帮助耕种，女人只帮着灌溉。产品部分被贮存起来供一家人消费之用，部分出售，以纳税、交租和支付工资，并买回其他消费物品。土地使用权和产品享用权有时通过契约扩大到雇工。收税和收租人的权利只限于从土地取得的利益的范围。在村里，除了例外，耕种者一般保留使用和处理土地的权利。如果他不付给任何人地租而向政府纳税，他可被认为是一个完全的所有者。如果他失去了法定的土地所有权，他必须对持所有权者交地租，持所有权者用所收地租的一部分向政府纳税。在任何情况下，耕种者受法律和惯例的保护，使其不离开土地，不受持所有权者的干扰。换句话说，耕种者拥有土地但有一个附带的条件，即与持所有权者分享部分产品（第十一章第四节）。

处理土地的权利掌握在家长手中。但在日常管理中，例如决定播种的作物、播种日期等，家长，特别若是女人的话，不行使权利，而把决定留给一个技术熟练的人来做。但出售或出租土地的事，除家长外，没有别人能做决定。实际上他的行动可能受其他成员所驱使或者是根据其他成员的建议来作出决定，但责任由他自己来负。在土地所有权这一问题上，我们可以看到，土地的使用权、处理权和利益的享用权是如何在这一群体的各个成员中分布的。

房屋用于蚕丝工业、打谷、烹饪及其他生产性工作。房屋也用作庇护、睡觉和休息的场所。这些不同的功能来自相当不同类型的所有权。养蚕时期，特别是最后两周需要很大的地方。在这一时期，除去厨房外，所有房间都可能用来养蚕。全家人都挤在一间卧室里。个人就暂时没有各自的房间。打谷时，中间的房屋公用，有时还需与新分家的兄弟合用。厨房主要是妇女用的场所，但做得的食品全体成员共同享用，偶尔有为特殊成员供食的情况。

个人所有权，意即某些人专用某些物的权利，绝大多数是消费物品。虽然，那些用后耗尽的物品必须归个人所有，但那些能够重复使用的物件，可由几个人连续共用。兄弟之间和姊妹之间，双亲和孩子之间在不同时期可共用衣物，但在一定时期内，或多或少是一个人专用的。贵重的首饰等归个别成员所有，多半属于妇女，而且是嫁妆的一部分。嫁妆被认为是妇女的"私房"，但可与丈夫和儿女共享。它也是这个家的家产，遇到必要时，可以抵押出去来接济家的困难。但在这种情况下，必须征得妇女本人的同意。未经妻子同意便出售她的首饰往往引起家庭纠纷。

分给个人住的房间，或多或少是小家庭专用的。部分家具系由妻子的父母提供。媳妇外出可以把房门锁上，虽然，一般认为这样做对婆婆是不很礼貌的。房内箱子和抽屉的钥匙由媳妇保管，这是家中的成员专有权的象征。

小家庭私用的卧室并不损害家长对房屋的最终处理权。幼辈成员不能出售或与任何人交换住房和土地的情况一样，家长对不动产的处理有最后决定权。对土地和副业的产品也是如此。妇女可以出售生丝，如果她不是家长，她必须把钱交给家长。在这个意义上，家长对财产具有较大的权利，超过这个群体中的任何一员。对非物质的物品的权利，包括作为购买力的钱，更为复杂。种稻、养蚕、养羊的主要收入来源由家长控制。钱主要在他手中。只有家长才能决定购买农具、肥料，添置新的土地或房屋。从理论上说，这个制度的理想做法是：每当其他成员从其他来源得到收入时，必须把钱交给家长，他们需要什么时，要求家长去买。这是一种非常集权的经济。但实际上，挣钱的人通常保留他或她的全部或部分收入。例如在工厂做工的女孩通常不把她的工资交给父亲而是交给她母亲保存，以备她将来之用。儿媳妇认为工资是她自己的钱。如果一个媳妇不直接挣钱，她向家长要的钱往往超过实际的开支，把多余的节省下来。这样，她自己有少量储蓄，称为"私房"，她"私人的钱包"。这是媳妇秘密保存的，但总是受到婆婆严密的监视，最终往往成为冲突的缘由。

家庭的日常费用由公共财源开支。但每个人每月有一些零用钱可以自由处理。主要的项目如税金、工资、食物、衣服和其他开销由家长控制。个人在办理这类事务之前应先得到家长允许。除家长外，个人不准借贷。如果一个儿子秘密欠了某人的债，在邻居们看来就是个坏人，他父亲只要活着就可以拒付这笔债款，儿子只有在得到一份遗产后才能还债。因此，这样的贷款利息通常是很高的。

从经济地位来说，家长在这个群体中确实是有权威的。不是家长的人，对物的享有权既有限也不完整。

三　财产的传递

广义地说，继承是根据亲属关系传递财产的整个过程。但它在法律上的用法限于指取得对已故祖先的财产的权利。[①]在人类学

---

① 《民法》第 1147 条。《民法》译本（C.L. 夏等，凯林及沃尔什有限公司，1930 年）用 "Succession to Property" 这一术语。我沿用 W.H.R. 里弗斯的定义，用 "inheritance" 一词表述财产的继承，用 "succession" 一词来表述职位的继承（《社会的组织》，1924 年，第 87 页）。

中，通常是指一个已故者的财产处理问题。①

但如果把研究限制在这样一个范围内，势必把其他各种事实遗漏，例如父母活着时的财产传递，后代接受已故祖先的经济义务等。所有权是对物的各种权利的一个混合概念。传递的过程通常是一点一点进行的，甚至在祖先死后，还未必完成。惧怕惹恼祖先鬼魂的心理，或是子孙孝顺的伦理思想，都表明了死者对继承人自由处理遗产的缠绵不息的影响。因此为分析当前的问题，我将从广义方面来使用"继承"这个术语。

一个婴儿，一无所有，赤身裸体地来到这个世界。由于他的身体还不具备获得物体的能力，因此他全靠他人的供养。家庭的作用就是把一个没有独立生活能力的婴儿抚养成为社会中的一名完全的成员。父母对孩子的义务是根据亲属关系确定财产传递的一般原则的基础。

孩子通过父母同各种东西发生接触，从而满足其需要。最初时，未征得父母的同意，他不能使用任何东西。例如，对基本的营养需要依靠母亲的供应。当然，这种供应在一定程度上是受到人类感情和社会规则的保证的，但即使这一点也不一定总有保障。假如这孩子不受家庭的欢迎，他可能因为不喂奶而饿死。他长大后，归他用的东西增加了，但他不能自由取用那些东西。他的衣服，穿上或脱掉都需随他母亲的意愿。放在他面前的食品，必须经他母亲许可才能吃。亲戚送给他的礼物，由母亲保管。成人控制孩子同物之间的关系，主要是为了孩子的福利或为了防止

---

① 《原始社会》，R.H. 洛伊，1919 年，第 243—255 页。

孩子由于技术不熟练而用坏物品。所以当孩子懂得照顾自己并学会正确使用物品时，这种控制便减少了。孩子的技术知识增长并参加了生产劳动，就逐步获得了那些属于家的物品的使用权。但真正专门归他用的或可由他自由使用的物品极少。他所消费的物品类型和数量也总是在他长辈的监视之下。

财产传递过程中的一个重要步骤发生在结婚的时候。男女双方的父母都要以聘礼和嫁妆的名义供给新婚夫妇一套属于个人的礼物，作为家庭财产的核心。新婚夫妇现在有了一间多少是他们自己的房间。但从新娘的角度来看，她同时失去了使用自己娘家财物的一定权利。她出嫁后回娘家，便成了客人；如果父母去世，更是如此。家屋已归她兄弟所有。她住在丈夫的家中但却不能像在自己娘家那样自由自在。实际上，她对物的使用权非常有限。除去她丈夫的东西外，家中其他成员个人的东西，她无权共有。家的集体经济的分解倾向，往往是从她开始的。

上述集权的家庭经济体系削弱了年轻夫妇的独立性。在孩子的成长过程中，父母的控制是必要的，但婚后继续进行这种控制，就是另一回事了。社会的一个完全的成员，需要一定数量属于他自己支配的财物，同时一个家庭的正常功能需要较丰富的物质基础。但这些均受到家的集权经济体系的阻碍。年轻一代对经济独立的要求便成为家这一群体的瓦解力量，最终导致分家。

分家的过程也就是父母将财产传递给下一代的最重要的步骤之一。通过这一过程，年轻一代获得了对原属其父亲的部分财产的法定权利，对这部分财产开始享有了专有权。

父母和已婚儿子分家，通常是在某一次家庭摩擦之后发生的。那时，舅父便出来当调解人，并代表年轻一代提出分家的建议。他将同老一代协商决定分给儿子的那份财产。父母去世后，已婚的兄弟之间则自动分家。

让我们以有一父、一母、两个儿子、一个女儿的一个五口之家为例。长子成婚后，如果要求分家，便将土地分成不一定等量的四份。第一份留给父母，第二份是额外给长子的，剩下的由两个儿子平分。

父母的一份将足以供给他俩日常生活及女儿出嫁、小儿子成婚所需的费用。这一份土地的大小根据两老的生活费用及未婚子女的多少而定。

长子接受两份，额外归他的那份一般比较小，其大小将根据他对这个集体单位的经济贡献而定。长子年纪大些，肯定较其弟多做些贡献。从村里邻人的眼光看来，长子对已故双亲也具有较大的礼仪上的义务。

未婚儿子的那一份是名义上的。他与父母一起生活，没有独立地位。但成婚后，他可以要求分得这一份。如父母之一在他成婚前去世，就不再分家。尚未与父母分家的儿子供养在世的父亲或母亲。父亲或母亲甚至不通过分家的方式就将大部分经济权交给已婚的儿子。当父母都死去时，由于小儿子曾供养他们，留给父母的那份土地便留给小儿子。这样，最终他也继承两份土地。但如长子也赡养父母，他亦可对留给父母的那份土地提出要求。长子和幼子最后分得的土地数不一定相等。

房屋有几种分法。父母在世时，长子住在外面其他房屋里。例如，该村副村长周某，他是幼子，同父母一起住在老房屋内。

其兄在分家后搬到离老房屋不远的新屋内。如父亲去世后才分家，长子便占住老房子，幼子同母亲一起迁往新居。由于修建或租用新房屋有困难，因此，多数情况下将老房屋分成两部分。长子住用东屋，幼子住西屋（房屋的方向总是朝南），堂屋为公用。

如仅有一子，只有在发生严重冲突的情况下他才会要求和父母分家。在此种情况下，分家仅意味着是一种经济独立的要求。儿子分得多少，无关重要，因为这只是一种暂时的分配。最终全部财产仍将传交给儿子。父母年老不能工作时，他们又将再合并到儿子的家中去。这种再合并的过程不损害儿子已获得的权利，反而是将其余的财产权传给儿子。

不论是土地或房屋均为单系继承。女儿无继承权。女儿出嫁时，父母给她一份嫁妆，包括家具、首饰、衣服，有时有一笔现钱；但从不分土地或房屋，甚至最穷的父母也得为女儿备一份被褥。

分家以后，儿子获得单独的住房或分得一部分老房屋，其中单有一间厨房，其妻便在这厨房内为这个家煮饭。他有单独另一块土地，所得产品归他个人支配。但实际上，他对这些分配所得的权利仍是不完全的，只要他父亲在世，便可以对他使用土地和房屋施加影响。儿子不得违背父亲的意愿去出售土地。父母需要食物时，他必须送往。父母双方年老或有一方在世时，他必须负责赡养。所以分家并非就此完全结束了父母与子女之间的经济关系。

此时所分的仅限于生产用的和一部分消费用的财产。属于父母个人的财产仍然被保留着。儿子通常分得一笔钱以开始经营他那新的经济单位。至于债务，除去儿子私下欠的债以外，仍将留到父亲去世时才解决。

父母年老，丧失劳动能力时，保留的不动产部分将传给儿子。最后的传递在父母去世时进行，特别是在父亲去世时。部分个人用品将与死者一起埋葬，另一部分火化，被认为是给死者的灵魂使用的。其余部分，不仅为儿子而且将为服侍过死者的其他亲戚所分用。女儿可分得相当一部分母亲的遗物，包括衣物和首饰。在某种程度上，这意味着母系继承，但由于儿媳也往往分得一份，这个惯例便不是绝对的了。对此类财产的分配或多或少是按照死者或其丈夫（或妻子）的意愿，他们有权决定对遗物的处理。

四　继承对婚姻和继嗣的影响

就土地和房屋而言，继承是按继嗣系统进行的。但如果一个人没有儿子，财产传给谁呢？这个问题有两种情况：一个人可能没有孩子或有女儿而没有儿子。让我们先研究一下第一种情况。

因生理原因而无子女的情况极少。如果一个妇女不能生育，就会受到遗弃，丈夫将重新结婚。多数是因为孩子死亡而无子女的。一个男人上了年纪而没有活着的孩子时，可以领养一个男孩。他可以自由选择一个养子。在领养时，他必须邀请他同族的人，在他们面前，与孩子的父母或孩子的其他负责人签订契约。契约分两个部分：一方面，养父正式允诺，保证养子具有正式的地位，特别是继承权；另一方面孩子的父母或负责人保证断绝他与孩子之间的关系，同时以孩子的名义担保在养父或养母年老时赡养他们。

同族人在契约上签字甚为重要，因为这一行动是违背他们的利益的。如果一个人死后无子女，他的近亲层中最近的亲属便自然地成了他的嗣子，并根据惯例，继承他的财产。但在此种情况下，继承人不会同他自己的父母断绝社会关系。他将与自己的父母同住，不替被继承人做事。事实上，这种继承人主要只是承担礼仪上的义务。

从经济观点考虑，人们认为领养一个能为养父母干活的孩子，在他们生前侍候他们，比在亲属中指定一个继承人好得多。但领养一个外人意味着在最近的亲属方面失去了对财产的潜在的继承权，因此潜在的继承人的父母往往想尽一切办法来制止这一行动。通常的结果是妥协。或者最近的亲属答应赡养领养父母，或者年老的父母领养一个外人，但是允诺把一份财产传给潜在的继承人。这份财产并非土地或房屋，而是一笔金钱。

假如儿子成婚后死去，未留下孩子，其父母将为死去的儿子找一个替代人作为儿媳妇的后夫。此替代人被称为"黄泥膀"[①]。他将改姓其妻子前夫的姓并住在前夫的房屋内。他的孩子将被视作死者的嗣子。这个替代人的社会地位很低，富裕的人是不会接

---

① 村里的人解释方言"黄泥膀"这个词的意思为"黄泥腿"。但他们并不知道为什么要这样称呼他。后来我发现中国北方方言也有同样的叫法，"泥腿光棍"，例如在古典小说《红楼梦》第四十五回中，指那些无业单身汉。但城镇里识字的人告诉我这个词的另一种文言的解释是"防儿荒"。"防"，当地人念作 ban，在此词中变音为 wan。"儿"，当地方言念作 ni。"荒"，读作 whan，在这里变成 pon。语音变化如 b 变成 w，wh 变成 p，在其他例子中也常见。识字人的解释，说出了替代人的功能，而当地人的解释说明了替代人的性质。两种解释对了解这种习俗都有用处。

受这种位置的。村里有两个"黄泥膀"。

假如死者有一个未订婚的弟弟，叔嫂婚也就在同样的情况下产生。村里有两起这样的婚姻。当"小媳妇"的未婚夫在结婚前去世，在这种情况下，叔嫂婚比较普遍。

现在，我们必须转入第二种情况，即一个男人仅有女无子。如果女儿在弟弟死前出嫁，她对她父系的继嗣不能做出任何贡献。但如果她尚未出嫁，父母也明白不可能再有儿子，他们便可要求女儿的未婚夫的父母允许他们的女儿为他们传嗣。换句话说，他们有权利将其女儿的一个男孩作为他们自己的孙子。这类婚姻称作"两头挂花幡"，意思是在两个家的祖宗牌位上插两面花旗。在结婚仪式上，花幡是传嗣的象征。这个村子有一起这样的婚姻。

假如女儿尚未订婚，他的父母可以领养一个女婿。女孩的父母向男孩的父母送一份结婚礼物。婚礼在女孩家中举行，丈夫将住在妻子家里与岳父母一起生活。除举行婚礼外，女孩的父母还将与男孩的父母签订一项契约，与领养一个儿子的契约类似，并有同族人连署。其女儿的孩子姓他们的姓，为他们继嗣。这类婚姻本村有 12 起。如果我们考虑到无子的父母相对来说比较少，且一般订婚比较早，12 起的数目是相当可观的了。在父母还有希望获得亲生儿子时，他们是不会安排此类婚姻的。但如女儿成婚后，父母又得一子，已办成的事仍然有效。我们见到一例。这是普遍都接受的制度，而且在《民法》中已有法定条文。[①]

---

① 《民法》第 1000、1002、1059 及 1060 条。

在上述情况中，父系继嗣的原则已做修改，婚姻制度有所改变。这说明，继承和继嗣的问题应被视为两代人之间相互关系的一部分，一方面是财产的传递，另一方面是赡养老人的义务。年轻一代供养老人的义务不仅靠法律的力量来维持，而且是靠人的感情来保持的。由于感情上的联系及老人经济保证的缘故，他们宁愿从外面领养一个儿子，而不愿在亲属中指定一个继承人。他们领养女婿，改变了父系原则。老人去世后，下一代的义务并未结束。照看坟墓、祭祀祖宗便是这相互关系的一部分。此外，对继承下来的财产的自由处理权又受到崇敬祖先的宗教和伦理信念的约束。因此，我们研究年轻人赡养父母的义务必须联系继承问题。

五　赡养的义务

一开始，家庭里尚未添丁时，成人自己割羊草。家里有了孩子并能工作时，成人才摆脱了这项工作。在种稻这项工作中，男孩最初可帮着插秧，进行灌溉。男孩长大后便与父亲并肩劳动，终于，甚至在成婚前已比他父亲担任更多的工作。女孩帮助母亲料理日常家务及养蚕缫丝。当他们对家庭的贡献超出他们自己的消费时，便已开始赡养父母。虽则由于经济收入归家庭的缘故，他们供给家庭的份额并不明显。

在父母和孩子之间并不计较经济贡献上的平等问题，但在兄弟之间却有这个问题。我知道这样一个事例，有一个人根本不在地里劳动而靠他弟弟过活。为继续他的寄生生活，他甚至阻碍弟弟结婚。他受到了社会舆论的严厉批评。公众舆论迫使他为弟弟安排了婚事，并准备婚后接着分家，但在我离开村子以前，分家尚未举行。普遍接受的观念是，既然一个人在童年时代受了父母的抚育，又接受了父母的财产，为父母劳动就是他的责任，但为兄弟劳动却不是义务。

然而，父母和子女之间平等的意识并非完全被排除了。年轻夫妇如果挑起了家中的大部分劳动重担，而由于经济权力集中在老一代手里，青年仍然没有独立的地位时，他们也会产生不满。这将最终迫使父母在逐渐退出劳动过程中，同时放弃他们的权力。

儿子有了独立地位时，赡养父母的义务就明显了。假如父母年老时，仍然掌握一份土地，但已无力耕种，儿子将代他们耕种。这意味着实际上儿子必须为父母出一份劳力。另一个普遍的形式是，当父母一方去世时，活着的一方将与儿子的家进行合并，并一起居住。供养的金额并不固定。如果有两个儿子，他们可以轮流赡养。总之，随着父母年老依赖程度的增加，他们的权威便按比例地缩小。从各类型所有权的角度看，父母退却的一般规律是从使用产品的权利退到处理产品的权利，最后到处理用具和生活享受的权利。从各类物体的角度看，从生产资料退却到消费物品，最后到非物质的权利和债务。这些退却的步骤与下一代义务的增加是相互关联的。下一代从完全依赖于父母到担当合作的角色，最后到挑起赡养父母的全部责任。正如前面已经提到的，甚至到父母死亡，尚未完全解除下一代对上一代的义务。对遗体的处理、服丧和定期祭祀，都是子女义务的延续。由于受赡养和祭祀的一方对这些义务不能施加直接的影响和控制，宗教信仰和公众舆论便成了强烈的约束力。

当一个人垂死的时候，家的成员都要聚集在身旁，小辈们跪在床前。当儿子的位置最接近死者。女儿不一定在此之列，但一旦父母死亡，出嫁了的女儿便得迅速赶到。在死者大门前燃烧起一包衣服和一张纸钱。邻居们纷纷到来，协助料理丧事，因为家的成员此刻都服重孝，无心办事。儿子、儿媳和女儿都身穿麻布孝服，头缠白色长带，一直拖到地面。孙儿辈则穿白衣，头系短带。

到第二天或第三天便是遗体入殓。长子捧头，幼子扶足。再下一天，盖棺，把棺材运到坟地。村里同城镇的做法不同，棺材不埋在地下，而是放在地上桑树丛中，用砖和瓦片盖起一个遮蔽棺材的小坟屋。如果这家买不起砖和瓦，则用稻草搭成坟棚。这样，并不因为埋葬而荒废土地。[①]

后代有责任修缮祖先的坟屋，一直继续负责到五代。那些腐烂的棺材没有人再管时，有专门的慈善机关将它们运走，埋葬在别处。

人们相信死者的灵魂离开尸体，进入阴间。死后第17或18天灵魂将回到家里。那天，家中应准备就绪，迎接死者的灵魂到来。女婿将奉献木龛一个，内立有死者名字的牌位，安放在堂屋

---

① 在华东中部，农村坟地的平均百分比为 2.6% 〔《中国农村经济》(*Chinese Farm Economy*)，巴克 (G.L. Buck)，1930 年，第 33 页〕。除城镇里的富人把死者埋葬在农村以外，没有其他专门的坟地，这说明了人口极其众多，土地稀缺。

里，举哀 49 天。每餐都准备好食品供在灵位前，并且有一妇女在旁边哀号恸哭，如诵悼歌。这是一个妻子对丈夫的义务，也是儿媳对公婆的义务。男人从不参与这种恸哭。

举行丧礼期间，邀请保管家谱的和尚在死者面前念佛经。人们相信诵经对阴间有财富的价值。从此，死者的名字便由和尚记载在家谱中，列入崇祀的名册。

49 天后，每天的祭祀告终。2 年零 2 个月后烧掉牌位龛，居丧便告结束。死者的牌位便放入祖祠内。

在平时，每一个祖宗的生日和终日都要祭供。对所有直系祖先，每年要集体祭祀 5 次，其时间见第九章第三节社会活动时间表所列。祭祀的方式是为祖先的鬼魂准备一次宴席。席后，焚烧一些锡箔做的纸钱。这直接说明了下代对上代的经济义务，甚至延长到老人去世以后。后裔遵奉这些义务，在某种意义上表明了传嗣的合法权利，以及对继承权的要求。例如，遗体被放进棺材时，捧头的行动被认为是长子继承父母那份额外的土地的合法证明，也是在亲属中指定一名继承人的决定性依据。事实上，不会有两个人与死者的亲属关系处在完全同等的位置，但如果最近的亲属未能履行这个行动，第二个人便接过这一角色，最近的亲属便丧失了继承权。奉行这个义务的，就是合法继承人，他将继承死者的遗产。

此外，如果死者是一个既未结婚也没有财产的人，就不发生继承的问题，因此不指定继承人。

但是，服丧的义务不是单系的，参加服丧的成员如下表所列：

与死者的关系	时 间	服丧情况
妻 子	无一定限期，直到儿子结婚	粗麻裙和鞋，开始头扎白带，然后改穿白裙和鞋；不穿丝绸
丈 夫 女 婿	无一定限期，数个月	帽子上戴蓝顶子
儿 子	2年零60天	粗麻布鞋，然后改穿白鞋，如果父母一方未去世，又改穿蓝鞋；白顶子；一年不穿丝绸
女儿（已婚或未婚）	2年零60天	穿粗麻裙49天；白鞋，后改穿蓝鞋；黄头带
儿媳妇	2年零60天	穿粗麻裙35天，其余如女儿
孙 子 侄 子 外 甥 外 孙	1年	男用蓝顶子 女用蓝头带
死者的长辈无服丧的义务		

从表中，我们可以看出，服丧的时间及戴孝的轻重并不与传嗣相关，而在某种程度上与实际的社会关系及他们与死者之间的标准化的感情关系相关。人们并不认为戴孝会增加鬼魂的福利，而认为是对死者的感情上的表露。这同祭祀祖宗不同，人们认为祭祀是对鬼魂福利有一定贡献的，是对阴间祖先的赡养。

人断气时，对物和对人的直接控制便停止。但人们相信鬼魂的存在，这便延长了死者对财产的影响。家中的不幸、病痛，有时被解释为是祖宗的鬼魂对他们所不同意的某些行动的警告，例如，不遵奉定期祭祀、遮蔽棺材的小坟屋坏了、有人出售家中的土地或房屋等。从纯粹的伦理观念出发，已足以阻止一个人随意出售他所得的遗产。继续保持土地拥有是子女孝心的表现。相反的行动就会遭到社区舆论的批评，认为是不道德的。这对土地占有问题至关重要。

六　新的继承法

在描述了村中财产的实际传递过程之后，现在我们可以看一看法律条款。在制定 1929 年生效的新《民法》的时候，立法者是按照中国国民党的基本政策给男女以同等的继承权，以便促进男女平等的。这与旧《民法》和以上描述的传统做法有重要的区别。

在继承问题上，新旧《民法》的原则可以归纳如下：

> 过去，根据中国法律，一个女人，除去个别例外，是没有继承权的。例如，假定一个中国人在 15 年以前去世，留下一个寡妇、一个儿子和一个女儿，根据法律，全部遗产只能由儿子继承，寡妇和女儿一概没有权利继承。如果死者没有子嗣，只有一个女儿，而他兄弟有一个儿子，在这种情况下，女儿和寡妇仍然没有任何继承权，死者兄弟的儿子是法定继承人，一切财产均归于他。再如，即便死者没有兄弟或他的兄弟没有儿子，

但只要死者有一个男性亲属活着，他是与死者同一个男性祖先的后裔，而且是属于小辈，这个男性亲属便有继承死者全部财产的法定继承权。所以，女儿只有在她的先父去世时既没有儿子、侄子也没有活着的男性亲属的情况下，才有继承权。寡妇在任何情况下不得继承。

但是现在，法律有了很大的改变。在民法中明确地承认女子的继承权。[1]假定上述男人现在死去，而不是15年以前死去，他的财产便可平均分配给寡妇、儿子和女儿。如果他没有儿子只有女儿，母女可以共同继承遗产。父系侄子和其他男性亲属一概无权继承。[2]

旧的立法原则规定严格沿着父系传嗣单系继承。只要一个人自己有一个儿子，就沿着这种惯例进行。他的女儿，出嫁后与丈夫住在一起并参加后者的经济单位。她没有赡养娘家父母的义务。在人们的思想里，女人没有继承娘家父母财产的权利是公平的。但在一个人没有儿子的情况下，根据旧法律，他只能把财产留给他最近的亲属，别无其他选择。他可以领养一个儿子或一个女婿，但后者没有法定的继承权。在这种情况下，习惯提供了折中的办法。在人们的眼里，剥夺一直赡养父母的人的继承权是不合理的。但正如以上所述，他们既然也承认最近亲属的潜在继承

---

① 《民法》第 1138 条："遗产继承人，除配偶外，依下列顺序定之。1. 直系血亲亲属。2. 父母。3. 兄弟姊妹。4. 祖父母。"直系亲属在第 967 条中的定义为，"称直系血亲者，谓己身所从出，或从己身所出之血亲"。他们包括儿子、女儿以及他们的直系后裔。

② 这一条综述系由上海高等法院律师 H.P. 李先生提供的。

权，因此允许提出补偿的要求。

新《民法》改变了单系继承的原则，因为这被认为是违反男女平等原则的。但对传嗣原则，究竟做了多少改变，不很清楚。它承认女儿甚至出嫁后，仍像她兄弟一样是她父母的后嗣（第967条）。但必须是"妻以其本姓冠以夫姓"（第1000条），"妻以夫之住所为住所"（第1002条），除非她父母为她招赘。她的子女将"从父姓"（第1059条），除另有安排协议外，未成年之子女以其父之住所为住所（第1060条）。作为后嗣，她有义务供养娘家的父母（第1115条）。因此，每个家庭，夫妻必须住在一起，他们也同时有供养双方亲属的义务。

这些法律条款付诸实际社会实施时，将形成以双系亲属关系原则为基础的组织。布·马林诺夫斯基教授曾经指出："单系继嗣是与亲子关系的性质密切联系在一起的，就是与地位、权力、官职和财产从一代传给另一代有密切的关系。亲嗣规则中的单系秩序，对社会结合来说是最重要的。"①

所以研究这个法律制度的社会效果是有意义的。它为人类学家研究从单系亲属关系变为双系亲属关系的过程提供了一个实验的机会。但就这个村子而论，虽然新法律已颁布7年，我尚未发现有向这一方向发生任何实际变化的迹象。

---

① 《不列颠百科全书·亲属关系》第14版（"Kinship", *Encyclopaedia Britanirica*, 14th#ed. ）。

第五章　亲属关系的扩展

使得家的各个成员联系起来的基本纽带便是亲属关系。但家并不把它自己只限制在这个群体之内。它扩展到一个较广的范围，并使亲属关系形成较大社会群体的联系原则。

一　父系亲属关系的扩展

家是一个未分家的、扩大的父系亲属群体，它不包括母亲方面的亲戚和已出嫁的女儿。父系方面的较大的亲属群体是这样一个群体，即其成员在分家后，仍然在一定程度上，保持着家的原来的社会关系。我们已看到，家中的家庭核心增大时，这个群体就变得不稳定起来。这就导致分家。但已经分开的单位，相互间又不完全分离。经济上，他们变成独立了，这就是说他们各有一份财产，各有一个炉灶。但各种社会义务仍然把他们联系在一起。开始时，他们通常住在邻近的房屋里，有时共用一间大的堂屋。他们互相帮助，在日常生活中关系比较密切。在第二代，由于他们双方父母之间的关系密切，儿辈之间也亲密相处。他们之间互相帮助和日常交往的密切程度，视亲属关系的远近和居住地区的远近而异。分家后弟兄们如果住得较远，互相帮助的机会就减少，下一代的兄弟姐妹更是如此。

根据已接受的原则，五代以内同一祖宗的所有父系后代及其妻，属于一个亲属关系集团，称为"族"，互相间称"祖宗门中"，意思是"我同族门中的人"。但实际上，这个谱系的严格计算并不重要。第一，没有文字记载的家谱，对家系的记忆并不准确。和尚记家谱是为了记得需要定期祭祀的直系祖先，而不是为了承认活着的亲戚。兄弟并不被列入祖先鬼魂的名单。五代以前的祖先不再列入祭祀的名单。第二，如果严格遵照这一原则，从理论上说，在每一代，族都要淘汰一些远亲，但实际上族很少这样做的。

实际情况是这样的：长期以来村的人口一直是变动不大。如族的成员人数不增加，就不分族。如果人数增加，对土地压力增加，就必定移民到其他地方去。人离开了，就不再积极参与这个亲属群体。一代或几代以后亲属联系就停止发生作用。这就是为什么我尚未发现任何族有成员永久居住在其他村里。

下面是一个村里人告诉我的一段话："一个族的大小，平均约有8家。因为，我儿子结婚的时候，全族都要围着一张桌子团坐（每张桌子有8个座位，一个座位坐一个家的代表，女人和男人在不同时候分别集会）。桌子座位不够时，我们就不请远亲来参加庆祝。"当然，这段说明，并不就是实际的规则，但它表明，一个单位在承认其成员的资格时允许有区别对待。在礼节性聚会时，可以排除那些远的亲戚，他们也不会坚持要求受邀请。一个富裕的家能请两桌或更多桌的族人，他们乐于这样做，也往往受到赞扬。在这个意义上说，族也可以说是一个礼仪的群体，有婚丧大事时，聚集在一起，宴会或祭祀共同的祖先，同时也送少量礼金勉强够食物的开支。互相帮助的真正的社会义务则在更小的群体内进行，例如刚分家的兄弟。此时，人们不用"祖宗门中"这个俗语，他们用"兄弟"或用"兄弟辈"这样的字眼来描写他们之间的关系。

族这个单位的另一个特征是，它的成员资格是家。因此，从它的个人成员来说，族并不是单系的亲属关系。一个已婚妇女，到了丈夫的家，便自动成了丈夫的族的一员。她姓丈夫的姓，把她父亲的姓放在第二位。她丈夫的亲戚遇有重大礼节性场合时，她跪在丈夫旁边，共同拜祭祖先。她死后将与丈夫一起接受祭祀。

妇女出嫁后不再是她父亲那个族的成员，她不再参加对父亲一方祖先的祭祀，死后也不受父方下辈的祭祀。

族的最重要的功能在于控制婚姻规则。族是外婚制单位，叔嫂婚例外。同姓，非同族的人可以结婚。古时候的规定及旧的法律规定，禁止同姓的人结婚，但这个村并非如此，至少在向我提供情况的人所能记忆的时期内，这个村子从未这样实行过。族缺少明确的界线，这一点并不妨碍外婚制的功能，因为大多数婚姻都在各村之间进行，而族的组织很少超越村的范围。

二　母系亲属关系的扩展

从上面几节，我们已看到孩子与母亲方面的亲戚保持密切的联系。母亲生孩子时，外婆来帮助料理。孩子一年要看望母方亲戚数次。舅舅对孩子有特殊的义务。他是孩子满月时的贵客。给孩子取名字的是他，陪伴孩子第一次上学校去见老师的也是他。外甥结婚时，舅舅要送贵重礼物如首饰或现金。对孩子来说，父亲若对孩子管得太严厉，舅舅是孩子的保护人。需要时，孩子也可以跑到舅舅那里去。父子有矛盾时，舅舅就出来做调解人。父子之间或兄弟之间分财产时，舅舅是正式的裁判。舅舅去世时，外甥须为他服表。

母亲的姊妹，特别是那些嫁给父亲的同村人的，由于住得较近，关系也很亲密。但母系亲戚关系不超过舅家和姨家的群体范围。舅姨家的亲属是不属于这个功能群体之内的。

妻方的亲属，在妻子生孩子之前，并没有密切的联系。他们不参加女儿的婚礼，要到婚礼后的一个月才去探望她。婚后第三天，新郎和新娘要到岳父母家去"回门"。礼节性拜访结束后，彼此不再探望，只是妻子本人偶尔回娘家探视。生孩子时，妻子的母亲便来女儿处陪伴数夜。从这时候起，妻方的亲属便成为孩子的母系亲戚。

三　名义上的收养

名义上的收养就是一个人不通过生育和婚姻，部分地被接受到另一个亲属关系群体中去的制度，当地称之为"过房"，意思是"过寄到另一家去"，"过寄"意思是依附。据说这来源于人们相信恶毒的鬼魂对父母娇养的孩子往往要找一些麻烦（第三章第四节）。按同样的推理，多子女的人对鬼魂的抵抗能力较强。因此，把孩子"过寄"这样一个强有力的人，孩子可以得到保护。另一方面，孩子虽然是名义上过寄别人，但也足以向鬼魂表示父母对孩子的淡漠。

这种信仰与婴儿的高死亡率有关，但这种名义上收养的制度不仅仅意味着对孩子的一种精神上的保护，这也为孩子提供了一种较新的社会联系。在前面已谈到过，那些多子女的父母，无论他们是否真正具有精神上的强大力量，他们比较富裕，社会影响大，这是肯定的（第三章第三节）。通过名义上的收养与他们建立关系，孩子将在这个社区内获得较好的经济和社会地位。另一方面，名义上收养孩子的人也感到高兴，因为他相信，这表示他的声誉和未来的兴旺。

这种收养关系将通过一次仪式来建立，那就是向一个被称为"新官马"（意思不明）的神进行祭祀。被收养的孩子向过寄的父母赠送针、桃、酒等象征长寿的礼物。收养孩子的过寄父母要给孩子办筵席，并给孩子取一个新名字，姓他过寄父的姓（实际上从不用此姓），送他一些饰物和现金。

从此，孩子便有了新的责任和权利。他须按照亲属关系来称呼他的寄父母。新年的时候，他必须向寄父母拜年，送礼物。有婚丧大事时他必须参加，为他们戴孝，他不应与他们的子女结婚。寄父母则须请寄养儿子吃年夜饭，供给他三年鞋、帽和长袍（象征孩子已被接纳到寄父母的家中来）以及定期送礼物和给予其他关怀。

这种"收养"是象征性的，孩子并不离开生父、生母。他不要继承权也没有赡养寄父母的义务。他名义上改了姓，但正像乡亲们说的，这是骗那些鬼魂的。所以真正的意义在于通过象征性的亲属关系称谓和礼仪形式，来建立一种新的与亲属关系相似的社会关系。

社会关系的扩展促使社会活动增加，但也会增加开支。在经济萧条时期，甚至真正的亲属关系也成为一种负担，那时，亲属关系的组织明显缩小。名义收养也不流行了。向我提供情况的人告诉我说，为了免于受鬼魂的侵害，他们把孩子"寄"给神或"寄"给父亲的姊妹的丈夫。这样并没有建立新的关系。由于女孩很少被"寄养"，特别喜欢让父亲的姊妹的丈夫来担当这个角色很可能与不吉利的"回乡"型婚姻观念有联系（第三章第八节）。当父亲的姊妹的女儿被包括进外婚制单位中时，并没有使婚姻的选择面变窄。

四　村庄的亲属关系基础

在名义收养制度中，人们象征性地使用亲属关系的称谓来建立新的社会关系，这种关系来源于亲属关系并与亲属关系相类似。亲属关系的这种扩大方式在这个村里很普遍，它既与生育无关，也不与婚姻相联系。

除了父亲、母亲、祖父、祖母的称呼外，人们根据不同的性别、年龄、血统关系和姻亲关系，用父方的所有亲属称谓来称呼同村人并用母方所有的亲戚称谓，除外祖父、外祖母以外，来称呼外祖父母村子里的人们。亲属称谓的这种延伸的用法，起到了区分不同的地方和年龄组的作用，并可由现存的亲属关系派生的这种关系来说明不同类型的社会关系。

亲属称谓的延伸使用是有一定目的的。每一个称谓，当它最初被用来称呼时就包含了与亲密的亲属相应的某种心理态度。由于称谓的延伸使用，这种感情上的态度也逐渐被用来对待实际上并不处于这样一种亲属关系的人。譬如，一个人称呼他村里的年长的人时，用父亲兄弟的称谓，这就是说，他将像对待他伯伯或叔叔那样来服从或尊敬他们。与母亲的兄弟的称谓相联系的态度，与伯伯或叔叔的称谓相关的态度不同。外甥把舅舅与友好和宠爱的观念相联系。用"舅舅"这个称谓来称呼他母亲村里的人便意味着，他可以在这些人之中自由自在地行动，并乐于被他们待为上客。

应当注意的是延伸地用这种感情态度来对待实际上并不是属于这种亲属地位的人，并不意味着他们之间就延伸特定的权利和义务。用这种称呼，并不等于他们之间真的建立了这样的亲属关系，但这种称呼有助于说明这个社区内不同的人的地位。在这个社区内，老年人受到尊敬，而且通常是具有威信的。

近来，按年龄组分配权力的原则有所变化。村里的老年人，不能适应迅速改变着的形势的需要，因而不能胜任这个社区的领导人的角色。现任村长周某，属于村里第二个年龄组。他用个人名字来称呼在他下面工作或在社区内不太有影响的老年人。过去只有年长者能用姓名称呼年轻的人。另一方面，现在已引进一个新的名称"先生"（在城镇普遍用作教师的头衔或仅如英文中的Mister 这个普通头衔），比周年长的人也这样称呼他。这一例子很清楚地说明了感情与称谓的关系。当情况有了变化，年纪大的人变成在他下面的人，原先的尊敬的感情与整个环境不甚相符。因此，变化了的社会环境便引起心理上的别扭，最后引起语言的改口。

必须指出的是，亲属称谓的延伸使用不应被当作过去或现在在中国这部分地区有"族村"存在的证据。对这个村子的姓的分布的调查可以说明，虽然亲属关系群体倾向于集中在某地区，但家族关系并没有形成地方群体的基础。

在父系社会中，姓是由父亲传给儿子的。但这并不是说，同姓的人都可溯源到同一个祖宗。例如，周某告诉我，该村姓周的人属于两个完全不同的血统。此外，有同一个祖宗的那些人，社会上不一定承认他们是宗族关系。但有一件事是明确的，不同姓的人，不可能属于同一父系的亲属群体。所以可以认为，一个村子里的居民有许多不同的姓，说明了这个村里有许多不同的父系亲属群体。

这个村共有 29 个姓，下表说明了在每个圩里（第二章第四节）每一姓的家数。

姓	圩 1	圩 2	圩 3	圩 4	总 计
周	49	23	24	2	98
谈	7	4	17	28	56
姚	30	4	10	/	44
徐	13	4	9	4	30
沈	2	4	13	7	26
王	1	6	/	8	15
吕	/	14	/	/	14
邱	/	10	/	/	10
赵	7	/	/	/	7
倪	4	3	/	/	7
饶	/	7	/	/	7
吴	/	4	2	/	6
蒋	4	/	/	1	5
陆	/	/	/	5	5
陈	4	/	/	/	4
方	4	/	/	/	4
金	/	1	3	/	4
钱	/	/	/	4	4
杨	3	/	/	/	3
秦	1	/	/	/	1
贾	1	/	/	/	1
刘	1	/	/	/	1
冯	1	/	/	/	1
凌	1	/	/	/	1
黄	/	1	/	/	1
于	/	/	1	/	1
李	/	/	1	/	1
殷	/	/	1	/	1
郭	/	/	/	1	1
总 计	133	85	81	60	359[①]

从此表可以看出同姓的家的分布情况。亲属群体有集中的倾向。例如周姓和姚姓集中在圩 1;吕姓在圩 2;谈姓在圩 3 和圩 4;某些姓,如,吕和邱,只分布在一个圩里。这些事实表明居住地

---

① 不包括和尚。

亲属关系之间的密切联系。换句话说，有这样一种趋势，同姓的家，可能因亲属关系联系在一起并住在一个邻近的居住地区。但这个村子里的姓很多而且同姓住得也分散，这个事实也清楚地说明，村里有许多亲属群体而亲族联系和地方联系的相互关系不大。

姻亲关系的情况也相同。严格地说，这个村既不是外婚制也不是内婚制的单位。但正如已经提到过的，不同村的人互相通婚更为经常。虽然并没有明确提出，但是有地方性外婚的趋向。各村之间，在婚姻关系上并没有特殊的偏向，因而，姻亲关系并没有在同村人之中或在各个村庄之间保持密切的纽带关系。

第六章　户与村

除了亲属关系的联结，另外一个基本的社会纽带就是地域性的纽带。居住在邻近的人们感到他们有共同利益并需要协同行动，因而组成各种地域性的群体。在这一章里，将加以分析。

一　户

家是由亲属纽带结合在一起的，在经济生活中，它并不必定是一个有效的劳动单位。家中的成员有时会暂时离去，有时死亡。在家中要吸收新的劳动成员，通过亲属关系，如生养、结婚、收养等办法，有时不易做到，有时则因涉及继承等问题而不宜进行。在另一方面，有些人的家破裂了，可能希望暂时参加另一劳动单位，但并不希望承认新的亲属关系。因此，那些住在一起，参加部分共同经济活动的人，不一定被看作是家的成员。[①]我们在这里采用了"户"这个名词，来指这种基本的地域性群体。

在这个村子里，我找到有 28 人被分别吸收到这种经济单位中。作为"户"的一员，一起居住、吃饭和劳动，但他们和家的成员有着明显的区别。他们和这家人并不存在一定的亲属纽带关系，并不把自己的财产永久地投入这一家中。通常情况是，他们在一定条件下参加这个单位。这种成员和这家的关系大有差别，有些是长期的客人，有些是除了没有财产的法定权利外，其他都和家里人是一样的。

非家成员进入一户，通常采取三种办法。其一，这个成员可能是这家庭的客人，他在一个较长时期内住在这里，每月付一笔钱。例如，有一个医生在村中开业，他就在药店老板的家中住了多年。他单独有一间房，并和他的房东共同生活。另一例是一个小孩，他自己的家住在另一个村子里，但他是这个村的一家人抚养大的。这个孩子的父母每个月付给抚养孩子的家庭一笔钱。还有 5 例，他们都和房东有姻亲关系。他们自己的家破裂之后，跟随着母方的亲戚。虽然他们实际上和家的成员一样地生活在一起，但他们不能加入这个家，而保留着他们的客人身份。

学徒制度也是一种从外面吸收工作成员的办法。这种情况有 4 例。师傅为学徒提供食宿，免收学费；而学徒则必须为他的师

---

① 从法律观点来看，一个人虽然无亲属关系，但永久地住在此群体内者，亦应视为"家"的一员（《民法》第 1122—1123 条）。但此规定并未被村民所接受。甚至那些在"家"中居住了很长时间的人还是被认为与"家"的成员有区别的。

傅做一定年限的工，没有工资，只是在最后一年，可以要少量的"鞋袜钱"。

最普遍采用的办法是雇佣。一个人可按一定契约做一名佣工进入一户，他为那家种田或养蚕缫丝，佣工在雇主的家中得到住宿。他参加该户的劳动，有权使用所有的用具，并由该户供给食宿。他每年可得到一笔事先议定的工资。

以上是村中不属于家的成员而进入户的全部情况。

家中的成员也可能不住在家里而在远处工作。他们暂时不在家，并不影响他们的亲属关系。但他们不在的时候，他们不能算作户的成员，虽然他们和这一户有着明确的经济关系。在这个村子里，那些不住在自己家里的人，总共有54人，其中女32人，男18人。除了其中4个男孩作为学徒住在本村的师傅家里外，其他人都在城里工作，这个数字表明了人口流入城市的强烈倾向，其中尤以女性人口更为突出。

二 邻里

若干"家"联合在一起形成了较大的地域群体。大群体的形成取决于居住在一个较广区域里的人的共同利益。比如，水、旱等自然灾害以及异国人侵略的威胁，不是影响单个的人而是影响住在这个地方的所有的人。他们必须采取协同行动来保护自己——如筑堤、救济措施、巫术及宗教等活动。此外，个人要很好地利用他的土地，需要别人的合作；同样，运送产品、进行贸易、工业生产都需要合作。休息和娱乐的需要又是一个因素，把个人集聚在各种形式的游戏和群体娱乐活动中。因此，人们住在一起，或相互为邻这个事实，产生了对政治、经济、宗教及娱乐等各种组织的需要。下面几节将对这个村子的各种地域性群体作概括的描述，但有关经济活动的各种群体，将在以后几章里详细讨论。

邻里，就是一组"户"的联合，他们日常有着很亲密的接触并且互相帮助。这个村里习惯上把他们住宅两边各5户作为邻居。对此，他们有一个特别的名词，叫作"乡邻"。他们互相承担着特别的社会义务。

当新生的孩子满月以后，他的母亲就带他去拜访四邻。他们受到殷勤的接待，用茶点款待。离开的时候，还送点心给孩子。这是孩子第一次到别人家中去，那时他甚至尚未到过外公家。

办婚事前，新郎的家庭要分送喜糕到各家去，作为婚事的通告和参加婚礼的邀请。邻居都包括在邀请的名单里。各家在举行婚礼那天送现金作为回礼，并参加婚宴。在丧葬时，每家邻居都派一人去帮忙，不取报酬。

在日常生活中，当某人家有搬运笨重东西等类似的家务劳动，需要额外的劳力时，邻居们齐来帮忙。如果经济拮据，也可向邻居借到少数贷款，不需利息。此种互相帮助的关系，并不严格地限制在10户人家之中，它更多地取决于个人之间的密切关系，而不是按照正式规定。

三　宗教和娱乐团体

在村里，除了祭祀祖先外，最经常得到祭祀的是灶王爷，有时也包括灶王奶奶。灶神是上天在这户人家的监察者，是由玉皇大帝派来的。他的职责是视察这一家人的日常生活并在每年年底向上天做出报告。神像是刻印在纸上的，由城里店铺中买来，供在灶头上面小神龛中。灶神每月受两次供奉，通常是在初一和十五。也在其他时候受到供奉，具体时间可见社会活动的日期表（第九章第三节）。各式刚上市的时鲜食品，第一盘要供奉灶神。供奉是把一盘盘菜肴供在灶神座前，并点上一对蜡烛、一束香以示祀奉。

到了年底，农历十二月二十四日祭送灶神上天。这次供奉的东西特别丰富，而且在堂屋中举行。这次供奉之后，纸的神像和松枝、纸椅一起焚化。灶王爷就由火焰的指引回到了天堂。他通过每年一次向玉帝的拜奏，对他所负责的这一家人的行为做出报告。这一户下一年的命运就根据他的报告被做出了决定。

使神道高兴或是不去触怒神道的愿望是一种对人们日常行为很重要的控制。标准就看是遵奉还是违犯传统的禁忌。我还不能列出一张表格来说明各种禁忌，但在日常生活中，却肯定地存在着一种模糊的恐惧，人们怕做出了使神道不悦的行为，而引起上天的干预。就我所知，这些禁忌可分为三类：第一类是以敬谷为基础的，如不能踩踏或糟蹋稻米，甚至馊饭也不得随意抛弃。最规矩的方式，就是把每一粒米饭都吃下去。如果实在做不到，就把这些米饭抛到河塘中去喂鱼。第二类禁忌是和有关性的事物都是脏污的意识联系在一起的。所有与性有关的行为和东西，都必须从厨房中清除出去。妇女在月经期间，不准接触灶王爷神龛前的任何东西。第三类禁忌和尊敬知识相联系。任何字纸，甚至是新闻报纸，都应仔细地收集起来；废纸应加以焚化，但绝不在厨房里烧毁，而应送到庙宇中专门用来焚化纸帛的炉子中去加以焚化，或在露天烧掉。

有一个组织完善的天庭的观念，使得人类的行动与上天的干预这两者之间的关系复杂化了。任何违犯禁忌的行为，并不因触怒上苍而直接受到惩罚。这件事情要由天庭的管理机构来处理。因此，如果能防止上天派来的监察者——灶神看到或向上天报告人们的行为，则犯了禁忌也不会受罚。人们并不认为上天的使者是无所不在和无所不能的。他们实际上只是一些肉眼所看不到的人，有着和普通人差不多的感情和愿望。既然他们和人们相像，他们也具有人们同样的弱点和愚蠢。因此，凡是人们所能使用来对付人间警察的各种方法，诸如欺骗、谎言、贿赂，甚至人身威胁等等，对付天庭派下来的监察使者也都能用上。

在送灶王爷上天之前的最后一次的祭灶之时，人们准备了糯米做的团子。这是灶神非常喜欢吃的点心。大家都相信，灶王爷吃了糯米团之后，他的嘴就粘在一起了。当玉皇大帝要他做年度报告时，这是口头的报告，他只能点头而说不出话来，因此，他要说坏话也不可能了。但这也不能认为是犯了禁忌之后的一个万无一失的补救办法。

灶王爷所具有的警察职能，传说中有过清楚的阐述。有一段时间，外国人统治了中国，每家中国人都被迫供养一个外国兵。每个兵监管每一家人。老百姓受不了这样的管制，终于商定了一个计谋，各家都在同一个时间把这些士兵杀掉。于是就准备了这种糯米团给士兵们吃，他们的嘴都粘到了一起，因此在他们被杀时不能发出任何声音。这个计谋在十二月二十四日执行成功。但这些老百姓又立刻想起这些外国兵的鬼魂会向他们报复，于是作了这样的一种妥协，从那时起，把这些外国兵的鬼魂当作家里的神道，在厨房里受到祭拜，并继续行使监察者的职责。

这个传说只有少数人向我讲过。大部分人并不知道这个神道原来的根底，也不怎么关心这件事。但这个神话实际上揭示了老百姓对上天派来监管者的态度。这表明他们很不愿意把自己的行动自由驯服于社会性的限制，这种限制是社会强加于他们的。这与对祖先的祭拜是稍有不同的。祭拜祖先，反映了对已故祖先的依恋的感情。

另外有一个崇奉神道"刘皇"的较大的地域性群体，由大约30家住户组成。这个地域性的群体有一个专门的名称："段"，地域组织的单位。在这个村中，共有11段。

城角圩	4 段
凉角圩	3 段
西长圩	2 段
谈家墩	2 段

每个段都有自己的"刘皇"偶像，同段的每一户每年要出一名男的或女的代表，在正月和八月里各聚会一次。聚会时，把神

道请到其中的一户人家，这家的主人则准备好盛宴供奉。

"刘皇"——"刘"是神道个人的姓，而"皇"则是大神的意思。这个神道在这个地区很流行。在我幼年的时候，经常听到这个精心编制的神话。但村里经常向我提供情况的人对此却一无所知。他们坦白地告诉我，虽然他们祀奉"刘皇"已经多少代了，但他们却不知道"刘皇"是谁。每年两次聚会的目的据说与收成有关，但这种联系在人们的思想上是很模糊的。有的人承认，他们的真正兴趣是在聚会时的那顿盛餐。我在后面还要讲到，这个村庄不是一个自给自足的宗教活动单位。但凡遇到干旱、蝗灾或水灾，所有宗教和巫术的活动都在该区的镇内举行。镇不仅是经济中心，也是宗教中心。"刘皇"是上苍派来保护免遭蝗灾的神道。以后要讲到有关他的神话（第十章第三节）。在这里指出这点也许是有意思的，在遇到农业危机的时候，村里缺少独立的宗教活动，这是与人们对有关这神道的神话模糊不清或无知有联系的。

10年以前，这里每年有一次集会，它既是宗教活动，也是当地人的娱乐消遣。一般在秋后举行，一方面对专司收获的神道感恩，同时又是祈求来年的丰收。管这地方的神像被请来入座，还有一个乐队在一个专搭的戏台上演奏。全村分成5组，叫"台基"，即戏台的基础。每个组轮流负责这种集会的管理和开支。

随着村庄经济萧条的加深，这些集会已暂时停止；现在也很难说在经济不景气过去之后，这种集会是否还会恢复。有趣的是人们并没有认为由于暂停了集会而造成了经济萧条；相反地，却认为是经济萧条造成了每年集会的中止。这表明聚会的真正意义是娱乐多于宗教或迷信。经济萧条唯一的真正原因是稻米和蚕丝价格的下降，人们能够正确地理解，因而最合理的解决办法就是引进新的工业和现代技术。

过去常被请来看戏的地方神道，现在村中的两个小庙里。一座庙在村北，另一座在村西（第二章第四节）。每家每月派代表到庙里去单独供奉祭拜两次。这不是强制性的，而且经常被人忽视。但那些继续供奉的人，经常只去其中的一个庙。去哪个庙，要由住家的位置决定。住在第一圩、第三圩及第二圩北边的人家，常去村北的庙；其余人家则去村西的庙。但同一地区的个人，在承担一定的责任和义务时并不互相联合起来，如祭拜"刘皇"时那样做，他们只通过庙宇而有所联系。因此，应该说这里并没有宗教团体而只有宗教区域的存在。

这两个庙分别为不同的和尚所有。村北的庙里住着庙主。村西的庙主则不住在内，庙内的日常工作由一位非宗教代理人代管，人们叫他"香火"。和尚信佛教，靠庙的收入为生，远离俗务。然而在社区里他有着一定的职能。他负责招待到庙里去的人，并参加村中的丧事。为人举办丧事他可以得到一笔现金或是相当数量的香，香可以留下来以后再出售。但这两个庙并不垄断村中人的所有宗教活动。到了重要时节，如为新近亡故的亲属"烧香"，因病人康复而向菩萨还愿等，人们往往改去城中的大庙宇，或到太湖边去拜佛，因为那里的神道有更大的法力。

和尚还有一种重要的职能，他们把村民祖先的记载保存在手中。这使他们所干的事超出了村中小庙的范围。各家的家谱是由外边的不同庙宇保存的。由于家谱记载了家庭祖先的姓名，这些记录的持有者，得到这些家庭的酬报，所以这种记录簿在某种程度上成为和尚的个人财产。这种记录簿可以购买或出售，就像其他私人财产一样。因而，僧侣之间这种财产的流动，使得村民对哪个庙宇更为忠诚这样一个问题，变得较为复杂了。

村民们的这种忠诚，与他们的信仰或教派全无关系。僧侣们从来不向百姓宣讲宗教教义，除非是为死亡者念经。甚至那些僧侣用外地口音念经。但当地普遍认为，口音越陌生，念的经就越灵。

四　村政府

为了履行多种社会职能，各户聚合在一起形成较大的地域群体。这些群体并不构成等级从属的系列，而是互相重叠的。由于村庄是各户密集在一起的聚居区，村和村之间都间隔着相当的距离，这就使它在直接扩大地域联系以实现多种功能方面，受到了限制。村庄为邻近地域的群体之间标出一条共同边界。村庄综合各种社会职能，有时承担一些小的单位不能胜任的特殊职能。这一切都由村长通过村政府来执行。

一般说来，村长易于接近，村中所有人都认识他。外来的生人，总能很快地得到村长的接待。来访者会对他的繁重的工作感到惊讶。他帮村里的居民写信、念信，以及代办其他文书，按照当地借贷规则算账，办婚礼，仲裁社会争议，照看公共财产。他们有责任组织自卫，管理公款，并且要传达、执行上级政府下达的行政命令。他们还积极地采取各种有利于本村的措施，村中的蚕丝改革，就是一例。

目前在这个村子里有两位村长。下述的记录可以给人们一个概貌：

陈先生是位老年人，近60岁。他在前清的科举制度下，曾考上了秀才。这种制度在清末已废止了。由于他在科举考试中未能进一步考中，所以被人请到城里去当家庭教师。到民国初年，他回村办私塾，自此时起10年多，他是村中唯一的教书先生。此后，他在村中担任领导工作，根据不断改变的行政系统的任命，他得到了各种正式的头衔。1926年，在省蚕桑学校的支持下，他开始实行蚕丝改良计划，在村中开办了蚕丝改进社。1932年，他正式负责合作丝厂的建厂工作。他放弃了教书的职务，担任丝厂厂长。当新的行政体制保甲推行时，他感到政府工作不合他的口味，于是退休了。然而他还是事实上的村长，并仍旧负责社区的事务。

另一位领导人是周先生。他较年轻，约40岁，他从家庭教师受业，但已不及参加科举考试。由于不再想做学问，他和他的兄弟在一起务农。他为人诚实，又有文化，被蚕丝改进社选用为助手。从这时起，他得到了改良工作者及当地人民两方面的信任，并逐渐地分担了村中公务的领导工作。当推行保甲制时，他经由陈先生推荐，正式当选并被任命为乡长，包括本村的领导。

村长的职务不是世袭的。周的父亲是瓦商，他的哥哥仍在种田；他的儿子住在城里，将来不大可能接替他的工作。陈与周之间，并无亲戚关系。

陈和周生活较富裕，但他们两人并不是村中最富有的人。最富的人姓王，他生活得默默无闻，在村中没有突出的威望。当一个领导人并没有直接的经济报酬，而且为达到此地位，需要经过相当长时间准备费钱的过程，才能使自己达到一定的文化水平。一个穷人家的孩子要得到这种职位的机会是比较少的。但单靠财富本身也不能给人带来权力和威信。

甚至法定地位对于当村长的人来说，也不是必不可少的。陈先生现在仍然是村中有资望的领导人，但他在正式行政系统中并不担任职务。年长的人都倾向于不和上级政府打交道，以避免麻烦。当村领导人的基础在于，不论他们代表社区面向外界时，或是他们在领导社区的事务中，都能得到公众的承认和支持。陈原职教师，而周是以蚕丝厂的助理开始他的事业的。他们为公众服务的精神和能力，使他们得到了权力和威望。村中有文化的人很少，愿意在没有经济报酬的情况下承担起责任的人更少。有抱负的年轻人对这种职位并不感到满意，我在村里遇见过两位中学毕业生，他们认为这种工作枯燥无味，而且缺乏前途。因此，选择村长的范围并不很宽。

虽然他们得不到直接的经济报酬，但由于为村里人办了事，他们也乐于享有声誉，接受一些礼物。比如，他们受人尊敬，可以对长辈（除了近亲）直呼其名而不用加上辈分的尊称。普通人是不允许这样做的。他们在村里所处的领导地位也有助于他们保持有特权的工作，如当教师，当丝厂的厂长等。

当领导人并不与享有特权的"阶级"有关。从周的情况可看出，年长也不是必要的条件。但性别上的排斥却未能克服，妇女是不许参加公众事务的。只是在最近，妇女才在蚕丝合作社中获得了和男人相同的职位；在学校中也任命了一位女教员，但这位妇女，除了在男女学童中之外，在当地社区中的影响很小。

五 保甲——强加的行政体制

前面已经讲到，这样的村子，是没有法定地位的。因为与这种功能性的地域性群体并行存在的有一个行政体制，它是强加于村的组织之上的。我把这两种体制分别称之为"事实上的体制"和"法定的体制"。它们两者之间不相符合。在本节我将描述这个法定的体制，并把它与事实上的体制相比较，以观察它们的差异。

新的行政体制叫作"保甲"。"保甲"是个旧词。政府最近有意要恢复一种古老的行政体制。这种体制是宋朝（公元960—1276年）的行政改革者建议的。这个古老的体制究竟实行到什么程度是另一个问题。但对这个村子来说，它完全是新的。村长解释说，新体制的实施准备，最近方告完成。它从来没有在人们的记忆中存在过。他说，镇长把村民都传唤去，告诉他们要按照县政府的规定来安排他们各户在行政组织中的地位，这件事已经完成了。为了要研究保甲制，必须从法令全书中找出它的意图，以及政府在保甲组织中所遵循的原则。

1929年6月5日，根据孙中山先生地方自治的原则，南京的国民政府颁布了一个《县组织法》，按此法律每个县必须分为几个区，每区又分为20至50个乡（农村地区）或镇（城市地区）。农村地区，凡有100户以上的村子，划为一个乡；不到100户的村子，则和其他村子联合成为一个乡。城市地区，凡有100户以上的，可划为镇；如不足此数，则与附近村子合并建乡。乡则进一步分为闾（25户）及邻（5户）。这些单位都通过选出的领导人及地方自治会来实行自治。这些地方政府的职能在法律中已有规定，计有：人口普查及人口登记、土地调查、公益工作、教育、自卫、体育训练、公共卫生、水利灌溉、森林培植及保护、工商改良及保护、粮食储备及调节、垦牧渔猎保护及取缔、合作社组织、改革习俗、公众信仰、公共企业及财政控制等等。

这些职能对地方社区来说不完全是新的，其中许多项早已由传统的、事实上的群体所实施。为了促进自治政府的行政职能，法律创造了新的地域性的群体。但实际上，它妨碍了事实上的群体的正常职能。因此，在1931年举行的第二次全国行政会议上，对各种单位的大小所做的刻板规定，受到了严厉的批评。结果是由立法院提出了修正案。

当此修正案尚在讨论阶段，另外一个影响到地方政府的体制却实施了。1932年8月，在华中的剿共司令部，发布了一个法令，规定在军事行动区（湖北、湖南及安徽）的人民要在保甲制之下，组织起统一的自卫单位。按此制度，每10户为一甲，每10甲为一保。成立此组织的意图，在法令中有所说明，即："在遭到破坏的地区有效地组织民众，取得精确的人口统计以便增强地方自卫反共的力量，并使军队能更有效地履行其职能。"此制度主要是为军事目的而实行的。除非人口登记做得十分精确，否则，在动荡的地区，很难防止共产党人和非共产党人混合在一起。为了反对共产党活跃的宣传活动，军队还实施了在同一个保甲之内，人与人互相担保的制度，使人们可以互相检查。

1933 年，共产党影响扩展，福建成为军事地区。福建省政府已开始根据 1929 年的《县组织法》（以下称《法》）组建地方自治体系。司令部命令省政府停止地方自治体系而代之以保甲制。在《法》与法令的冲突中，省政府服从中央政府，中央政治会议决定把保甲制纳入自治体系中。1929 年的《法》被 1935 年的一系列法律所代替。这两种体系在以下六点中得到了妥协：（1）由统一的保甲单位代替老单位间和邻，并使区、乡、镇等单位保持同等的级别，换句话说，原来处于县和乡、镇之间的单位——区取消了；（2）在结束训政时期前，按照保甲制度，以间接选举代替直接选举；（3）在按保甲制编户的过程中，进行人口普查；（4）把保甲制的军训扩大为普遍的民众训练；（5）只在紧急情况下，才实行互相担保的制度；（6）保甲制担负自治的职能，但允许进行地方性的修改以适应具体情况。

很明显，妥协并没有解决根本问题。这就是这些特别的、有统一规模的自卫单位，在多大程度上能承担 1929 年的《法》所规定的一般的行政职能。真正的问题并不在于这个法律与那个法令之间的法律性斗争，而在于事实上的地域群体早已行使的传统的职能，能否被这种专横地创造出来的保甲所接替。老的邻、间单位，并不那么严格，但已被事实证明是行不通的；那么这种更为严格的保甲制度，似乎更不大可能行得通。若发生紧急情况，保甲制的自卫效能也并不能保证它是适合于行政自治的一种制度。的确可以争辩说，在中国政治结合的过程中，用一个合理的和统一的结构来代替参差不齐的传统结构，看起来比较理想。但应当考虑到，这种替代是否必需，以及需要花多大的代价去实施它。由于我访问这个村子时，这个新制度实行了还不到一年，因此，下结论还为时过早。但以传统的结构为背景，对照这个制度的实施状况进行一些分析，显然有助于了解问题的全貌，至少会有助于在将来的行政政策中强调这个问题的重要性。

这个村所实施的并允许进行一些地方性修改的保甲制，并不严格符合法律规定的数字。村中 360 户按地理位置被分编为 4 个保。从前面所示的本村详图中可看出，村中的房屋沿小河的两旁建造，并分为 4 个圩。在同一个圩里的户被合成一个保。按照它们所处的位置，从东往西，或由南往北数，大约每 10 户构成一个甲。这 4 个保和邻村的 7 个保合成一个乡，这个乡按本村名而被称为"开弦弓乡"。保和甲则分别冠以数字。村中的 4 个保是第 8 保至第 11 保。另一个在法律与实践之间不相符合的事，是保持了旧法律中的区，它是县和乡之间的一个中间单位，它大致上和镇的腹地相当（第十四章第八节）。按照这个行政体制，这个村可称为：

江苏（省）

　　吴江（县）

　　　震泽（区）

　　　　开弦弓（乡）

　　　　　第 8 至 11（保）

要剖析乡的本质，必须深入了解村与村之间的关系问题。在同一个乡的村子之间，是否有特殊的联系？与这个行政单位相当的职能群体是什么？我将在后面讲到（第十四章第八节），这个地区中的村子，在经济方面是相互独立的。每个村子都有自己的航船，充当村民到镇的市场上出售或购买的代理人。一个村子，不论它有多大，都不成为它邻村间的一个低级销售中心。换句话说，由于水运方便，并有了航船制度，因此作为销售区域中心的镇，完全有能力向所属的村庄进行商品的集散，在商品流通过程中不需任何中间的停留。在这个地区内，有数十个村庄依赖这个镇，但它们彼此之间都是独立的。这些村子，做的是相同的工作，生产同样的产品，互相之间很少需要进行贸易往来。因此，乡作为销售区域与村庄之间的一个层次，是没有经济基础的。从亲属关系的观点看，情况也完全一样。虽然村与村之间的婚姻是很时行的，但并没有迹象说明，在同一个乡内的村庄，宁愿到乡外的村庄去找婚配对象的。

从语言的角度看，人们日常叫的"开弦弓"这个名字，在当地群众用语中是指这一个村庄而言。把邻村都说成是开弦弓的一部分，当地人听来可笑。他们的这种执拗并不是不合理的。这个称呼的改变对当地人来说含义很多。有人跟我说："如果邻近村庄都算开弦弓的一部分，那么，原来属于开弦弓村人的湖泊，也要被邻近村庄的人分去了。当然，这是不能允许的。"

目前，由于这个村庄的名声日增，蚕丝改良运动的经济功能及乡长的行政地位等因素，把开弦弓村周围的村子都吸引了过去。蚕丝改良运动和乡的首脑机关都在这个村里。我看到，不仅本乡的各村，而且外乡的人，也比过去更经常地来到这个村庄。

他们前来订购蚕种，供给丝厂蚕茧，并解决村与村之间的争端。在前面的分析中所提到的姓周的乡长，并不是利用他的法定地位办事，而主要还是通过他个人的影响，即以蚕丝厂助理厂长的身份去办事的。同时，他也从不采取任何重要行动，除非他事先与各有关村庄的事实上的领导有过接触。

当然，如果给以时间，并取得新的行政职能的内容，没有理由说新的行政单位永远是停留在纸面上的一纸空文。

至于"保"这个单位，那就不同了。把村庄按小河为界而隔开的做法，不大可能成功。在此情况下，把小河假设为社会活动的一条分界线。但这种假设是不对的。正如已经说明的，船可以在水面上自由划动，造桥是为了把分割的土地联结起来。这些都是交通的工具而不是交通的障碍。

最后，我还要谈一谈"甲"。在职能性的群体中，我们已知有一种群体叫"乡邻"。它包括10户，但它不与甲相符。甲是一个固定的地段而乡邻是一串相互交搭、重叠的单位。在乡邻这个结构中，每户都是以自己为中心，把左右5家组合起来。甲是一种非常人为的分段，它是同人们实际的概念相矛盾的。

然而，在将来再次调查时，来研究此问题是很有趣的，看一看有计划的社会变迁，从社会结构，包括群体形式、正式的行为准则、正统的思想体系等等开始，能进行到什么程度。在要求全国具有一致性的愿望之下，这种尝试显然会越来越普遍的。

第七章 生活

对村子的地理情况和社会背景进行了综合调查之后，现在我们可以开始研究人们的经济生活了。我想先描述消费体系并且试行估计这村居民的一般生活水平。分析这一生活水平，我们可以了解普通生活的必要条件。满足生活的这些必要条件是激励人们进行生产和工业改革的根本动力。

从消费的角度看，村里的居民之间没有根本性的差别，但从生产上看，职业分化是存在的。目前的研究主要限于构成居民大多数的农民。他们从事耕种及养蚕。这是他们收入的两个主要来源。饲羊、定期出去做些贩运是次要的收入来源。在叙述这些活动之前，我将通过农历来表明这些活动是怎样按时序安排的。

有关农业法律方面的问题将在《土地的占有》这一章中讨论。在此只略提一下，传统力量在这项制度中起着强大的作用，足以抗拒任何重大的变化发生。甚至在技术上，现在尚未成功地引进什么新方法和新工具。但在蚕丝业中，情况有所不同。

从村民的观点来看，最迫切的经济问题就是蚕丝改革。丝价下跌是使农民无力偿还债务的直接原因。在过去 10 年中，努力进行一系列改革的结果使蚕丝业的技术以及社会组织都发生了根本性的变化。因此，我们才能够对这个村子的变化过程，作为乡村经济中工业化的一个实例来分析研究。

我们将从消费系统与生产系统的分析引导到流通系统。通过市场销售，村民用他们自己的产品来换取他们自己不生产的消费品。在市场销售中我们可以看到村子自给自足的程度，以及村子对外界的依赖程度。

有了这些经济活动的概况，我们现在就可以观察一下村里的财务状况。国内工业的衰落，高额地租的负担使村民面临着空前的经济不景气。村民难以取得贷款，或成为高利贷者牺牲品，他们的处境是进退维谷。我对这个村子在日本侵华战争爆发前不久的经济状况的描述将到此为止。

一　文化对于消费的控制

为满足人们的需要，文化提供了各种手段来获取消费物资，但同时也规定并限制了人们的要求。它承认在一定范围内的要求是适当和必要的，超出这个范围的要求是浪费和奢侈。因此便建立起一个标准，对消费的数量和类型进行控制。人们用这个标准来衡量自己的物质是充足还是欠缺。按照这个标准，人们可以把多余的节约起来。有欠缺时，人们会感到不满。

安于简朴的生活是人们早年教育的一部分。浪费要用惩罚来防止。孩子们饮食穿衣挑肥拣瘦就会挨骂或挨打。在饭桌上孩子不应拒绝长辈夹到他碗里的食物。母亲如果允许孩子任意挑食，人们就会批评她溺爱孩子。即使是富裕的家长也不让孩子穿着好的、价格昂贵的衣服，因为这样做会使孩子娇生惯养，造成麻烦。

节俭是受到鼓励的。人们认为随意扔掉未用尽的任何东西会触犯天老爷，他的代表是灶神。例如，不许浪费米粒，甚至米饭已变质发酸时，全家人还要尽量把饭吃完。衣物可由数代人穿用，直到穿坏为止。穿坏的衣服不扔掉，用来做鞋底、换糖果或陶瓷器皿（第十四章第七节）。

在农村社区中，由于生产可能受到自然灾害的威胁，因此，知足和节俭具有实际价值。一个把收入全部用完毫无积蓄的人，如果遇到歉收年成就不得不去借债从而可能使他失去对自己土地的部分权利（第十五章第三节）。一个人失去祖传的财产是违背孝道的，他将受到责备。此外，村里也没有什么东西引诱人们去挥霍浪费。在日常生活中炫耀富有并不会给人带来好的名声，相反却可能招致歹徒的绑架，几年前发生的王某案件便是一个例子。

但在婚丧礼仪的场合，节俭思想就烟消云散了。人们认为婚丧礼仪中的开支并不是个人的消费，而是履行社会义务。孝子必须为父亲提供最好的棺材和坟墓。如前面已经提到，父母应尽力为儿女的婚礼准备最好的彩礼与嫁妆，在可能的条件下，摆设最丰盛的宴席。

节俭仅仅为不同的生活标准提出了一个上限，当一个人未能达到公认的正常生活标准时，这个上限也就失去了意义。人们凭借慷慨相助和尽亲属义务的思想（第十五章第二节）去帮助生活困难的人，使他们的生活标准不至于同公认的标准相差太远。因此，村里财产分布的不均匀，并没有在日常生活水平方面表现出明显的不同。少数人有特殊的值钱的衣服，但住房和食物上并无根本的差别。

二　住房

一所房屋，一般有三间房间。堂屋最大，用来作劳作的场所，例如养蚕、缫丝、打谷等等。天冷或下雨时，人们在这里休息、吃饭，也在这里接待客人或存放农具和农产品。它还是供置祖先牌位的地方。

堂屋后面是厨房，大小仅为堂屋的四分之一。灶头和烟囱占厨房面积的三分之一。紧靠烟囱有供灶王爷的神龛和小平台。

再往后是卧室，家中如有两个家庭单位时，就把卧室用木板隔成两间。每间房里放一两张床。已婚夫妇和七八岁以下的孩子合睡一张床。孩子长大以后，他或她先在父母屋里单独睡一张床，再大一些的未婚男孩就搬到堂屋里睡，像那些雇工一样。女孩出嫁前一直睡在父母屋里，也可以搬到祖母屋里去，但绝不睡在堂屋里，因为妇女是不允许睡在供祖先牌位的房屋里的。

河
路
堂屋
厨房　　　　庭院
卧室　　　　卧室
后门
羊圈　　后院
　　　　粪缸

广义地说，一所房屋包括房前或房后的一块空地。这块空地既作为大家走路的通道，也用作一家人干活、堆放稻草或其他东西的地方。在这块地里种上葫芦或黄瓜就是小菜园，房屋附近还有养羊或堆放东西的小屋。

人的粪尿是农家最重要的肥料，在房后有些存放粪尿的陶缸，半埋在土地里面。沿着 A 河南岸，路边有一排粪缸，由于有碍卫生，政府命令村民搬走，但没有实行。

房屋是由城镇里的专门工匠来修建的。养蚕期间，停止房屋施工，否则当地人相信全村的蚕丝业会毁掉。他们认为破土是一种危险的行为，会招致上天的干预。于是就要请道士来做法事。修建一所普通的房屋，总开支至少 500 元。房屋的使用寿命根据修缮情况而异，难以做出肯定的估计。每隔两三年必须把房屋的木结构部分重新油漆一遍，部分瓦片要重新铺盖，诸如此类的修缮费每年平均为 10 元。

三　运输

人们广泛使用木船进行长途和载重运输，但村庄自己并不造船而是从外面购买。每条船平均价格约 80 至 100 元。除那些不从事农业、渔业劳动的人家以外，几乎每户都有一条或几条船。男人、妇女都会划船。人们在小时候就学会了划船。只要一学会这门技术，一个人就可以不停地划几个小时。划船所耗的力量并不与船的载重量成正比，而是与水流、风向等情况密切有关。所以，载重增加时，此类运输的费用就降低。如果船夫能够利用风向，距离只是一个时间问题，而不是花力气的问题，这样，费用就可进一步减少。这是水运的一个重要特点。这就有可能使一个地区的住房集中在靠河边的位置。它也使分散的农田占有制成为可能。此外，水运在市场贸易中的作用也影响了流通系统。所有这些有关的方面将适当结合其他有关内容进一步论述。

畜力不用于运输。在陆地上，人不得不靠自己的力量来搬运货物。

四　衣着

村里的家庭纺织业实际上已经破产。我在村里的时候，虽然几乎每一家都有一台木制纺织机，但仍在运转的只有两台。因此，衣料大部分来自外面，主要是亚麻布和棉布。村里的缫丝工业主要为商品出口，并非为本村的消费。只有少数人在正式场合穿着丝绸衣服。

由于一年四季气候变化很大，村民至少有夏季、春季和冬季穿用的三类衣服。夏天，男人只穿一条短裤，会客或进城时便穿上一条"作裙"①。村长要离开村子外出时，即使是炎日当头，至少手臂上要搭上一件绸子长袍。妇女穿不带袖的上衣和长裙。这里的妇女不下农田干活，穿裙子是这个地区妇女的特点。天气较冷时，有身份的男子，不干活时就穿长袍。普通人只穿短上衣。

衣服并不仅仅为了保护身体，同时也为了便于进行社会区别。性的区别是明显的。还表现出年龄的区别，譬如，未成年的女孩不穿裙子。社会地位直接在服装的款式上表现出来，例如，长袍是有身份的人不可缺少的衣服。两个中学生，上学以后服装式样有了变化，他们穿西式长裤和衬衫，但不穿外衣。

除裁缝以外，缝纫是妇女的工作。多数妇女的手艺足以为她们的丈夫和孩子做普通衣服，因为这是做新娘必备的资格。新娘结婚满一个月以后会送给她丈夫的每一位近亲一件她自己缝制的东西，亲属的称赞是她的荣誉，同时也是对她在这新社会群体中的地位的一种支持。但是在置办嫁妆、彩礼或缝制正式场合穿的高质量服装时，照例是要请专门的裁缝来做的。一个普通的家，

_____

① 作裙：又称"腰裙"，清代江浙一带农村和小镇的手工业者穿着的裙子，用蓝布制作，有长有短，现苏州农村尚流行这种作裙。——编者注

每年买衣料的费用估计为30元，礼服在外。

五　营养

食品是家庭开支的一个主要项目，占每年货币支出总额的40%。而且它与上述几项支出不同。住房费用无需每天支付，衣服也不像饭食那样迫切。为了维持正常生活所必需的一定数量的食物，或多或少是恒定的，因此它在家庭生活中成为一个相对恒定的项目。

主食是稻米，为我提供情况的人估计，不同年龄或性别的人每年消费所需稻米数量如下：

50 岁以上的老年男子	9 蒲式耳
40 岁以上的老年妇女	7.5 蒲式耳
成年男子	12 蒲式耳
成年妇女	9 蒲式耳
10 岁以上的儿童	4.5 蒲式耳

对一个有一名老年妇女、两个成人和一个儿童的普通家庭而言，所需米的总量为33蒲式耳。这一估计是相当准确的，因为农民在储存稻米以前必须知道他们自己的需要量。稻米是农民自己生产的，剩余的米拿到市场上去出售，换得钱来用于其他开支。上面的估计是人们认为必须贮存的数量。

蔬菜方面有各种青菜、水果、蘑菇、干果、薯类以及萝卜等，这个村子只能部分自给。人们只能在房前屋后的小菜园里或桑树下有限的土地上种菜。农民主要依靠太湖沿岸一带的村庄供给蔬菜。种菜已经成为这一带的专业，他们的产品已是这一地区人们蔬菜供应的重要来源之一。

食油是村民自己用油菜籽榨的，春天种稻之前种油菜。但这个地区农田水平面较低，油菜收成有限，产量仅够家用。鱼类由本村的渔业户供给。人们吃的肉类仅有猪肉，由村里卖肉的人从镇里贩来零售。食糖、盐和其他烹调必需品主要通过航船每天上镇购买（第十四章第五节）。

一天三餐：早饭、午饭、晚饭，分别准备。但农忙期间，早上就把午饭和早饭一起煮好。妇女第一个起床，先清除炉灰、烧水，然后煮饭。早饭是米粥和腌菜，粥系用干米饭锅巴放在水中煮开而成。午饭是一天之中主要的一餐。但农忙季节，男人们把午饭带往农田，直到傍晚收工以后才回家。留在家中的妇女和儿童也吃早上煮好的饭，但吃得较少。

晚上男人们回家以后，全家在堂屋里一起吃晚饭。但天气热的时候，就把桌子搬出来摆在房屋前面场地上。夏天傍晚，到街上走一走，印象非常深刻。沿街摆着一排桌子，邻居们各自在桌边吃饭，边吃边谈。全家人都围着桌子坐着，只有主妇在厨房里忙着给大家端饭。

家中每一个人在桌旁都有一定的位置。按家庭的亲缘顺序，家长面南，坐在"上首"，第二位面向西，在家长的左侧，第三位在右侧。主妇，特别是媳妇，坐在"下首"，或者不上桌，在厨房里吃饭。

同进晚餐，在家庭生活中是很重要的，父亲和孩子这时有机会互相见面。父亲整天外出，孩子直到晚饭时才能见到他。他们一起在桌旁吃饭。父亲常利用这机会对孩子进行管教。吃饭要讲吃饭的规矩。孩子不准抱怨食物不可口，也不准挑食。他如这样做，就立刻会受到父亲的责备，有时还要挨打。通常在吃饭时孩子都默不作声顺从长辈的意见。

在农忙期间，饭食较为丰富。他们吃鱼、吃肉，但平时不经常吃肉食。除去几个寡妇以外，很少有素食主义者。普通妇女每月素斋两次，初一和十五各一次，这是由于宗教告诫人们，天上的神仙不愿意伤害生灵。吃素被视为有利于人死后升天过好日子。

在厨房里做的东西不应该留藏给家里个别人独自吃。但是偶尔，小家庭可以自己花钱买些特别的菜在自己房间里吃。这种做法被认为是不好的，会惹得家里其他成员生气。一个人用自己的零花钱去买点心、糖果吃是私事，不一定告诉别人。

六　娱乐

辛勤劳动之后，放松肌肉和神经的紧张是一种生理需要。娱乐需要集体活动，于是社会制度发展了这种功能。娱乐中的集体活动加强了参加者之间的社会纽带，因此它的作用超出了单纯的生理休息。在家中全家团聚的时间是在晚上，全天劳动完毕以后。大家聚聚起来，家庭间的联系得到了加强，感情也更加融洽。

农业劳动和蚕丝业劳动有周期性的间歇，人们连续忙了一个星期或 10 天之后，可以停下来稍事休息。娱乐时间就插入工作时间表中。在间歇的时候，大家煮丰盛的饭菜，还要走亲访友。

男人们利用这段时间在茶馆里消遣。茶馆在镇里。它聚集了从各村来的人。在茶馆里谈生意，商议婚姻大事，调解纠纷等等。但茶馆基本上是男人的俱乐部，偶尔有少数妇女和她们的男人一起在茶馆露面。妇女们在休息时期一般是走亲戚，特别是要回娘家看望自己的父母和兄弟。孩子们大多数是要跟随母亲一起去的。

家人在晚间的聚会，朋友们在茶馆相会，以及农闲时看望亲戚，都是非正式的，不是必须履行的。从这一点来讲，这些活动与节日期间的聚会以及正式的社区聚会有所不同。第九章所列的社会活动时间表总结了一年中的所有节日，与其他活动一起按年月顺序排列。

很明显，各个节日总是出现在生产活动间歇之际。阳历 2 月份，农闲时节，庆祝新年 15 天，人们欢欢喜喜地过年，并尽亲戚之谊，前去拜年。婚礼也往往在这时候举行，人们认为这是结婚的好时光。在蚕丝业繁忙阶段之前不久的是清明，进行祭祖和扫墓。蚕第三次蜕皮时，就到了立夏，有一次欢庆的盛宴。在缫丝工作之后，插秧之前，有端阳节。阴历八月满月的日子是中秋，此时正值稻子孕穗，也是在农活第一次较长间歇期的中间。在此间歇的末尾是重阳节。农活完毕之后就是冬至了。每逢这些节日都要有一定的庆祝活动，通常是同祭祖和祭灶联系在一起。庆祝这样一些节日只限于在家人和近亲中进行。

较大的地方群体的定期集会有每年一次的"段"的"刘皇会"

（第六章第三节），和每 10 年一次在太湖边举行的村际的庆祝游行"双阳会"，俗称"出会"，它们也与宗教思想有关。10 多年来，除"刘皇会"以外，所有这些集会都已停止。停止的直接原因就是政府不赞同。政府认为，这些活动是迷信而且奢侈。地方行政官的职责之一就是禁止这些集会。[①]但是更实际的根本的原因是乡村地区的经济萧条。当食品、衣服之类的必需品都成为人们的负担时，他们就不会有多余的钱去进行不太急迫的社会活动。

　　根据我目前的材料，难以确定社区停止聚会在多大程度上削弱了当地人民之间的联系。但当我坐在人们中间，听着他们叙述村际"出会"那些令人兴奋的往事时，我明白地觉察到他们对于目前处境的沮丧和失望心情。我并不想再恢复那些盛大的场面，并对其社会价值进行估计，然而对往事的回忆是形成人们目前对现状的态度的一个重要因素。在人们心目中，停止这些庆祝活动，直接说明了社会生活的下降。由于他们盼望着过去的欢乐日子复而再来，所以他们不会拒绝任何可能采取的确信会改善社会生活的措施。对社会变革不会发生强大的阻力，上述这种心理至关重要，我以后还要说明（第十二章第二节）。

七　礼仪开支

　　礼仪开支与一生中的重大事件——出生、结婚、死亡，有着

---

① 《区自治施行法》，第七条，1928 年 6 月。

密切联系。从经济观点来看，这种开支是一家不可缺少的负担。彩礼和嫁妆是新家庭必要的准备。丧葬安排是处理死者所必需的措施。个人生活及其相关的社会群体所发生的这些红白大事里产生出来的感情，使得这些礼仪得到更加精心的安排而且花费相当的钱财。当一种礼仪程序被普遍接受之后，人们就不得不付出这笔开销，否则他就不能通过这些人生的关口。

然而，经济萧条使礼仪受到了影响。例如采取了"小媳妇"的制度来改变昂贵的婚礼（第三章第八节）。它是由于经济便利才被采用的，但对亲属组织却发生了深远的后果。姻亲关系的完全或部分退化已使妇女和儿童的社会地位受到影响。彩礼和嫁妆的取消延长了青年在经济上依赖父母的时间。所有这些说明了这样一个事实，礼仪开支不全然是浪费和奢侈的。这些开支在社会生活中起着重要的作用。

再者，结婚时的宴会为亲戚们提供了一个相聚的机会，对新建立的亲属纽带予以承认，对旧有的关系加以巩固。亲属纽带不仅仅是感情上的关系，它还调节各种类型的社会关系。从经济观点来看，它规定了参加互助会的相互义务（第十五章第二节），以及定期互赠礼物。在已经改变了的婚姻礼仪中，所请客人的名单通常已经缩减。这使原来较广的亲属纽带变得松散。从长远看，就可能封闭了一些经济援助的渠道，这种结果可能不会很快或明显地表现出来，但最终会感觉到的。这就是人们拒绝"小媳妇"制度的原因。一俟经济条件许可，就要恢复正常的程序。为了维持传统的礼仪，甚至有许多人宁可推迟婚期或借钱也要把婚礼办得像个样子。

从礼仪事务在人们生活中的重要性来看，就不难理解礼仪开支在家庭预算中占有很高的百分比。在一个普通的四口之家，假设平均寿命为 50 岁，那么每隔 5 年将有一次礼仪事务。对于礼仪事务的最低开支估计如下：出生 30 元，结婚 500 元，丧葬 250 元，平均每年开支 50 元，这个数字为每年全部开支的七分之一。

亲戚家有这些婚丧娶嫁等大事时，他们还须送礼，所以我们也必须把这笔开支计入总和。根据亲友关系亲疏的不同，礼品的价值从 0.20 元至 5 元不等。每家每年的平均数量至少约为 10 元。

同中国的其他乡村相比，这些估值似乎相当高。根据巴克的研究，在华东每家用于一次结婚的平均费用为 114.83 元，丧葬费平均为 62.07 元。[①]差别可能由于地方的特点不同，或者由于列入礼仪开支的项数不同。在开弦弓，结婚当天的开销在 100 元至 250 元之间。为我提供资料的人引述一个众所周知的例外情况：一家仅花了不到 100 元办了一次婚礼。此处所作对婚礼开支的估计还包括了结婚礼物的费用，所以总数理应高一些。

丧葬开支，根据死者社会地位的高低而大不相同。如在北平所观察到的，孩子的"丧葬费用比家庭每月收入的八分之一略多一点。年长者的丧葬费自然要贵一些。小孩和成人加在一起总数为每月收入的 1.25 至 1.3 倍不等。但这些数字都不包括丧宴费用。有关丈夫、妻子、哥哥、母亲的丧葬，其费用为月收入的 2.5、3.5、5.5 倍"。[②]巴克的平均数是从有丧事的人家的 2.8% 中推算出来的。该数字可能略低于本地人提供给我的有关该村一个成年人

---

① 《中国农村经济》（*Chinese Farm Economy*），巴克（G.L.Buck），1930 年，第 416—417 页。

② 《北平的中国家庭是怎样生活的》（*How Chinese Families Live in Peiping*），甘布尔（S.D.Gamble），1933 年，第 200 页。

死后所需的适当的丧葬费用。

这些定期的开销需要在平时积蓄起来。积蓄可能采取贷款的形式，但通常采取向互助会交纳储金的形式。互助会是本地的一种储蓄制度（第十五章第二节）。这样，我们可以把估计的礼仪开支费用同每家每年交纳储金的平均数做一比较。我发现，一般每家同时加入两个互助会，每年总共交纳储金 40 元。这一数字有助于证实以上估计的可靠性。

八　正常生活的最低开支

前几节中所做的全部定量估计仅仅代表村里公认的正常生活的最低需要。为了取得这些估计，我曾请教了不少知情人。个人估计之间的差别非常小，这说明了这样的估计具有较高的一致性。我们所考虑的普通的家是由 4 个人组成：一位老年妇女、一位成年男子、一位成年妇女和一个小孩。这 4 个人是 9 亩土地的完全所有者。

这些估计之所以有用有以下几条理由：（1）单独的实地调查者几乎不可能采用簿记研究法，特别是在村里，人们没有记账的习惯，除非调查者把他的全部时间用于研究记账问题。（2）这些估计可以使人们对本村人的生活得到一个一般的概念，它代表正常生活的最低需要，与实际平均数不会相差太远。（3）村里的生活标准没有显著的差别，因而可以使用这种简便的方法。（4）如上所述，这些估计在人们心目中形成了一个度量社区中物质福利充足的标准，其结果是产生了一种控制消费的实际社会力量。

此外，在研究乡村社区生活水准问题方面，簿记研究法有一定的局限性。乡村社区是部分自给经济，生活各项费用并不完全包括在日常账目之中，因为账目通常限于记录货币交易。账簿只能说明村民依赖外界商品供应的程度，而这种依赖程度并不一定能够表明生活水准。例如，在正常情况下，村民不会去买米，因为他们自己有储备。只有在家庭经济困难，储存的大米已被卖光时，村民才去买米来吃。在这种情况下，现金交易量的增加与生活下降有关而不是与生活改善有关。只有这种情况才会在账目中有所反映。

很明显，在研究乡村社区生活水准时，简单地以货币的收支来总计家庭预算，是不足以说明问题的。调查者必须从两方面入手来对消费品进行估价：一方面是那些从市场买来的消费品；另一方面是消费者自己生产的物品。前者应以货币值来表示，其总和代表着人们生活所需的货币量。这个数额确定了人们为得到此数额的货币而出售的产品量。消费者自产自用的物品不进入市场。这些物品的货币值无人知晓。因为如果它们进入了市场，价格就会受到影响。如以市场价格表示这些物品，从理论上讲是不正确的。的确，若不把它们折合为货币价值，就不可能得出人们生活水准的总指数。但是，这样的一个总指数是不真实的。把这两类物品分开研究，有助于我们调查其间的关系，而这种关系在农业经济研究中是非常重要的。例如，目前中国农业经济中最重要的问题之一是农产品的价格下跌，为了满足必需的生活条件，村民被迫向市场多出售他们的产品。这样就降低了村民的自给程度。另一方面，农村地区的辅助工业的萧条，减少了农产品的品种和数量，增加了对货币的需要，以购买所需的工业品。为了探讨这些问题，分析这两类消费品之间的关系是很重要的。

这种从两方面入手的方法，需要实地调查者付出更多的劳动。收集统计资料可能是不实际的。所以，我建议采用咨询估算的方法。如果可能的话，再用抽样观察来补充。选定几个有代表性的实例，在一个时期中，系统地记录消费项目和数量。但本书尚不能提供这一类的数据。下表仅仅列出了村民必须到市场上购买的物品之货币价值，以及强制支付的租金和税款。该表可以用来估计村民生活所需的最低货币量。消费者自己生产的物品包括食物，例如米、油、麦子、蔬菜，及部分衣料。自给经济最重要的部分是劳动和服务。如上所述，只有少数农户雇工种田。关于这方面的分析，将进一步结合生产过程来进行。

1. 从市场购买的物品	203 元
（1）食品	47 元
蔬菜和杂项	30 元
糖	5 元
盐	12 元
（2）衣料	30 元
（3）礼品	10 元
（4）燃料、灯火等	36 元
（5）房屋及船上用油	20 元
（6）农具及肥料	10 元
（7）蚕丝业开销	50 元
2. 土地税	10 元
3. 定期用费（以积蓄的形式表示）	50 元
总　计	263 元

第八章　职业分化

一　农业——基本职业

在消费过程中，没有必要把该村的居民进行分类，但在生产过程中，则有职业的区别。根据人口普查，有四种职业:（1）农业;（2）专门职业;（3）渔业;（4）无业。

这些职业类别并不是互相排斥的。没有被划入农业的人也可能参与部分的农业活动。除去无地的外来人以外，对几乎所有居民来说，农业是共同的基本职业。区别仅仅在于侧重面不同而已。被划归农业的人并不是只依赖于土地，他们还从事养蚕、养羊和经商。第四类人包含这样一些农户:成年男子业已死亡，寡妇和儿童靠出租的土地生活，而不是靠他们自己的生产劳动过日子。

在人口普查记录里，家的职业是根据一家之长的职业而定的。家的成员可以从事不同的职业，例如，店主的孩子可能从事农业，农民的女儿可以到城里的工厂工作。这些情况都没有表示出来。该村各类职业的家数如下：

农　业	274
专门职业	59
渔　业	14
无　业	13
总　数	360

上表清楚地说明占人口总数三分之二以上或76%的人，主要从事农业。由于实地调查的时间有限，我的调查工作主要是有关这个职业组的。下章再详细分析这个职业组的生产活动。其他职业组，我只能简单地描述一下。

二　专门职业

第二类的进一步分析，见下表：

1. 在城镇从事专门职业的	14
2. 纺丝工人	6
3. 零售商	10
4. 航船	4
5. 手工业与服务行业	25
木匠	4
裁缝	3
合作丝厂职工	3
篾匠	2
理发匠	2
磨工	2
抽水机操作者	2

泥水匠	1
接生婆	1
和尚、庙宇看守人	2
鞋匠	1
银匠	1
织工	1
总　计	59

表中第一项，只包含那些家长在城里经商的家或家长从事其他职业，住在城里。不包括那些在村外丝厂工作的女工。

纺丝工人，代表一种专门职业。他们为镇上的丝行工作，丝行从村民手里搜集土法缫制的生丝，质量不整齐，在出口或卖给丝织厂以前，必须通过反摇整理。这种整理工作由村民来做。丝行把原料分配给纺丝人，然后再收集起来，按照工作量给予工资。

零售商人和航船，在讨论贸易的一章中另做描述（第十四章第四至第六节）。

整个手工业和服务行业人员占这个村庄总户数的7%。这样低的百分比是惊人的。首先，这是由于这些行业还不完全是专业化的。缝纫、做鞋、碾磨等工作，是各户自己劳动的普通工作。比较粗糙的木工、竹工和泥水匠的工作不需非常专门的知识和技巧，所用工具在大多数住家中都自备。现代抽水机尚未被广泛使用，主要在紧急时用。生孩子也不一定需要专家的帮助。在上表中，除了现代抽水机操作者外，也许只有理发匠、和尚、庙宇看守人和合作丝厂的职工的工作比较专业化，农民自己不能兼任。

此外，人们不一定都要村里供应他们所需的物品或依赖这个村里的人来解决他们生活服务的问题。质量较好的木器、竹器或铁器可以在城镇里买到。甚至于有一次理发匠对我抱怨说，村民逐渐倾向于到镇里去剃头了。有丧事时，人们往往到远处庙宇去请和尚。妇女难产时不能信托村里的接生婆来接生。

所有住在村里的外来人都是商人和手艺人，他们实际上占这个群体（第二章第五节）总人数的三分之一。关于商业和手艺是否原来就是从外面传来的一种新的职业，我手头没有资料可以说明这一点，但我们有理由猜想一些新的手工艺往往是通过某些渠道从外边引进的。由于技术知识通常是通过亲属关系传授，本地人不易很快地吸收这种知识。即使师傅可以公开传授手艺，但那些有条件让孩子们种地的父母仍愿意让他们种。村子里的土地不足以提供额外人口谋生，因此，外来人很难获得土地，而且土地也很少在市场出售。所以，正如上面已提到的，目前，所有外来人都没有地，其谋生的唯一手段是从事某种新手艺或经商。

三　渔业

有两类渔业户，他们的捕鱼方法不同，居住地区也不同。第一类渔户，住在村的西头，第一圩、第二圩，仅以捕鱼为副业。他们的捕鱼方法是用网和鱼钩。冬季工作较忙。那时，农活告一段落，他们便开始进行大规模的"围鱼"作业。几只船合作组成捕鱼队，在又粗又长的绳子上密挂小鱼钩，然后再加上一些重量，捕鱼队队员围成一个圈，把鱼钩沉入湖底。寒冷天气，特别是下雪以后，湖面不结冰，但鱼都在泥里冬眠，鱼钩在泥里拉过，很容易把鱼钩住。这样的"围鱼"作业有时持续数周，收获量颇大。平时，渔民撒大网捕鱼，一日数次。这种捕鱼方式只有那些住在湖边的居民才能采用。这也就是这群渔户局限在村西地区的原因。

虾是用一种竹编的捕虾篓从湖里捕捉。捕虾也是住在湖边的渔户的普遍职业。根据 1935 年夏我所收集的情况，共有 43 条船从事这项工作。捕虾篓用一条长长的绳索连接起来，放入水中。每 4 小时清一次篓子，因为时间过久，虾在篓里容易死去，死虾在市场上的价格低于活虾。两个渔民一条船，平均收入每天一元。

另一种渔户在 B 河中游沿岸圩 2 居住。这种渔民喂养会潜入水中捕鱼的鱼鹰。喂养和训练此种鸟需要专门知识，是由家庭传授的，因此是一种世袭的职业。这些家庭形成一个特殊群体甚至与其他村里的同行渔民合作。由于他们需要到离本村较远的地方去，夜间鱼鹰需要细心保护，因此，这些渔民在共同的专业利益基础上形成了一个超村庄的群体。从事同一专业的渔民，对他们的同行都有友善招待的义务。

第九章　劳作日程

一　计时系统

为研究一个社区的生产体系必须要调查他们的各种活动在时间上是如何安排的。在分析农村经济时更需如此，因为庄稼通常直接依赖于气候条件。

有机世界的季节循环的知识，对人民有重要的现实意义。农民的生产活动不是个人自发的活动。他们需要集体的配合和准备。他们必须知道种子何时发芽以便确定播种日期，必须知道秧苗需要多长时间才能长成以便把土地准备好进行移植。如果没有农时的计算，就不能保证在正确的时间里采取某种行动。

辨认时间不是出于哲学考虑或对天文学好奇的结果。正如布·马林诺夫斯基教授已明确指出的，"计时法不论如何简单，它是每一种文化的实际的需要，也是感情上的需要。人类每一群体的成员都需要对各种活动进行协调，例如为未来的活动选定日期，对过去的事进行追忆，对过去和未来时期的长短进行测量"①

从功能上来研究计时问题，我们就必须仔细地观察一下历法，以便了解计时系统如何安排社会活动，这一系统又是如何由社会活动来表示的。

中国农村中使用的传统历法是以纪月系统为基础的阴历。它的原理如下：望日被视作一个月的第 15 天的夜晚，因此，每一个月的天数是 29 或 30 天（实际上一个月历时为 29.53 天）。12 个月为一年，共有 354.36 天，其总数与纪日系统的阳历 365.14 天为一年的数字不合。每隔 2 或 3 年有一个闰月以补足每年缺少的天数。但是有机世界的季节循环更多的是遵循地球和太阳之间的关系，与地球和月亮之间的关系较少。虽然两种系统最后有闰月来调整，但这两种系统的日期永远不能有规律地一致起来。

阴历的日期不能始终如一地说明地球对太阳的相对位置，因而也不能表明季节性气候的变化。譬如说，假定今年人们抓住了正确的播种时间，4 月 17 日，但由于闰月的关系，他们明年如果在同一天播种，就为时太晚了。阴历和季节循环两者之间的不一致性，使得阴历在农事活动中不能作为一种有效的推算农作物生长期的指南。这种理论上的考虑必然引导人们进一步来考察传统的历法。

实际上，在传统历法中，有一种潜在的纪日系统。它表明各个时期地球在其太阳轨道中的确切位置。这一系统中的单位是"节"，意思是"段"或"接头"。整个太阳历年分成 24 个节。

---

① 《特罗布里恩德群岛的阴历和季节历》(*Lunar and Seasonal Calendar in the Trobriands*)，《皇家人类学会杂志》(*Journal of the Royal Anthropological Institute*)，第 57 卷，1927 年，第 203—215 页。

1936 年 24 节的总天数为 364.75 天。这说明实际上一个年度的时间仍有微弱的 0.59 天之差。我不知道定节气的原理，但在旧历本中可以找到每个节气开始的准确时间，它是用时辰（两小时）、刻（四分之一小时）和分（分钟）为单位来表示的。在不同年份里不同节气的长短上，闰期的变化微小，因此不需要特殊的说明。下表为 1936 年，每个节气开始的时间和节气的名称。

节气名称	传统历及时间	西历及时间
立春	正月十三日 辰初二刻	2 月 5 日晨 7 点 30 分
雨水	正月二十八日 寅初二刻四分	2 月 20 日晨 3 点 34 分
惊蛰	二月十三日 丑初三刻五分	3 月 6 日晨 1 点 50 分
春分	二月二十八日 丑正三刻十三分	3 月 21 日晨 2 点 58 分
清明	三月十四日 辰初一刻二分	4 月 5 日晨 7 点 17 分
谷雨	三月二十九日 未正二刻一分	4 月 20 日下午 2 点 31 分
立夏	三月（闰月）十六日 子正三刻十二分	5 月 6 日晨 0 点 57 分
小满	四月初一日 未正八分	5 月 21 日下午 2 点 8 分
芒种	四月十七日 卯初二刻一分	6 月 6 日晨 5 点 31 分
夏至	五月初三日 亥正一刻七分	6 月 21 日晚 10 点 22 分
小暑	五月十九日 申初三刻十四分	7 月 7 日下午 3 点 59 分

节气名称	传统历及时间	西历及时间
大暑	六月初六日 巳初一刻三分	7 月 23 日下午 9 点 18 分
立秋	六月二十二日 丑初二刻十三分	8 月 8 日晨 1 点 43 分
处暑	七月初七日 申正十一分	8 月 23 日下午 4 时 11 分
白露	七月二十三日 寅正一刻六分	9 月 8 日晨 4 点 21 分
秋分	八月初八日 未初一刻十一分	9 月 23 日下午 1 点 26 分
寒露	八月二十三日 戌初二刻三分	10 月 8 日下午 7 点 33 分
霜降	九月初九日 亥正一刻四分	10 月 23 日晚 10 点 19 分
立冬	九月二十四日 亥正一刻	11 月 7 日晚 10 点 15 分
小雪	十月初九日 戌初二刻	11 月 22 日晚 7 点 30 分
大雪	十月二十四日 未正二刻十三分	12 月 7 日下午 2 点 43 分
冬至	十一月初九日 辰正一刻十二分	12 月 22 日上午 8 时 27 分
小寒	十一月二十四日 丑初二刻十四分	1 月 6 日晨 1 点 44 分
大寒	十二月初八日 戌初一分	1 月 20 日下午 7 点 1 分
立春	十二月二十三日 未初一刻十一分	2 月 4 日下午 1 点 26 分

既然西方的阳历是法定通行的，自然也传入乡村，它又与传

统的纪日系统的节气有区别，因为它以一个整天作为单位，所以有一个规则的闰日方法。这两种历法不同年份相应的日期不同。

二　三种历法

这三种历法均被村里的人们采用。但各有各的作用，西历通常在新建的机构如学校、合作工厂和行政办公室里使用。这些机构必须与使用西历的外界协调工作。

传统的阴历最广泛使用在记忆动感情的事件以及接洽实际事务等场合。它被用作传统社会活动日的一套名称。在宗教活动上，人们也广泛使用阴历。每月初一及十五要定期祭祀灶神。人们还在这两个日子里去庙宇拜佛或吃素斋。在祖先的生日、忌日和固定的节日要祭祖，但有些节日是根据传统的节气来安排的。

传统的节气并不是用作记日子的，而是用来记气候变化的。有了这一总的系统，每个地方可根据当地情况来安排农活日程。

这个系统主要用于生产劳动。除日常谈话外，下列歌谣说明了它的作用：

> 白露白迷迷（指稻花开）
> 秋分稻秀齐
> 霜降剪早稻
> 立冬一齐倒

向我提供情况的人曾来一信，也可引述其中一段：

村里的人，每年有两个清闲的时期，第一个阶段是在秋天，从处暑到寒露，为时约两个月……第二阶段是在冬天，从大雪到年底，也是两个月，在这农闲季节，我们出去经商。

农民用传统的节气来记忆、预计和安排他们的农活。但节气不能单独使用，因为没有推算日期的办法，在使用上有困难。农村用阴历来算日子。人们必须学习每年各个节气的相应日期。例如上表所示，第一个立春是在正月十三日，而第二个立春则在十二月二十三日。因此，也可以这样说，阴历通过节气系统来安排人们的工作顺序。

历本并非村民自己编排，他们只是从城镇买来一红色小册子，根据出版的历本来进行活动。他们也不懂其历法的原理，他们甚至不知道历本是哪里发行或经谁批准的。因政府禁止传统历，出版这些小册子是非法的。我未能找到谁是负责的出版者。

然而政府的行动在任何意义上来说，并未影响小册子的普及和声誉。在任何一家人的房屋中都可以找到这本册子，而且在绝大多数情况下，这往往是家中唯一的一本书。人们通常将它放在灶神爷前面，它被当作一种护身符。不仅在安排工作时，而且在进行各种社会活动和私人事务的时候，农民都要查询这本历书。在历本中，每一天，有一栏，专门说明哪些事在这一天做吉利，哪些事不吉利。我列举数栏说明如下：

3 月 1 日（1936 年），星期日；阴历二月初八日张大帝（洪水之神）生日。

宜祭祀，祈福求嗣，还愿，会亲友，经商，上官赴任，结婚姻，行聘，嫁娶，迁入新宅，移徙，裁衣，修造，竖柱上梁，修店铺，开市，立券，开仓库，栽种，破土，安葬。

不宜用茅草铺盖房顶，灌田，行猎。

3月2日，星期一；阴历二月初九日
宜会亲友，捕捉畋猎。
不宜诉讼，求医疗病。（植物发芽）

3月16日，星期一；阴历二月二十三日
诸事不宜。

3月27日，星期五；阴历三月初五日
宜沐浴，畋猎取鱼，扫舍宇。
不宜安床，买地纳财。（始雷鸣）

　　农民并非完全按照栏内所列的忠告行事。但盖房、安排婚事、开始长途旅行等事，他们确实要查询此种历本。他们根据栏内所列吉利的事情多少，笼统地区别"宜"或"不宜"的日子。他们避免在"不宜"的日子，特别是那些表明"诸事不宜"的日子，进行重要的冒风险的活动。每隔数天，在这一栏的末尾有一项括号内的说明，如"植物发芽"和"始雷鸣"等。这是用周期性的自然现象来推算时间的一种附加系统。

三　经济活动和其他社会活动时间表

有了以上的这些计时系统，我们便能列出村庄各种经济和社会活动的时间表。它可供进一步分析作参考。对某些具体项目，将在其他恰当的有关之处再作一些解释。

按节气进行的其他社会活动与宗教活动	农业	丝业	节气	气候（上海）		西方的阳历	阴历月份	按阴历进行的其他社会活动和宗教活动
				温度（华氏）	雨量（毫米）			
祭灶神	麦 油菜籽	主要的一批 孵化蚕种 第三蚕蜕茧	立春	39°	57	2月	一	初一：新年，祭菩萨，迎灶神，上庙拜佛 初五：祭财神
			雨水					
			惊蛰	46°	70	3月	二	初一至初八：男人探亲戚 初八至十五：女人探亲戚 初十至三十：吉利的结婚日
			春分					
祭灶神	第一个农忙时节 播种 育秧苗 主要田准备 插秧 除草和灌溉		清明	56°	90	4月	三	
			谷雨					
祭灶神 祭祖宗和蚕神 扫墓 祭灶神 欢宴 探亲戚的蚕 禁止造房屋		家庭抽丝	立夏	65°	90	5月	三（闰）	在闰月为老人准备葬礼
			小满					
		第二批	芒种	73°	166	6月	四	
			夏至					

按节气进行的其他社会活动与宗教活动	农业	丝业	节气	气候（上海）温度（华氏）	雨量（毫米）	西方的阳历	阴历月份	按阴历进行的其他社会活动和宗教活动
第一次外出经商　第二次外出经商	农闲 {稻开花 稻秀穗}　第二个农忙时节 {收割 碾米 储藏 出售}　麦	祭祀祖宗	小暑	80°	127	7月	五	初五：端阳，欢宴，祭灶神
			大暑					初三、十五及二十三：祭灶神
			立秋	80°	148	8月	六	初三：灶神爷生日，祭祀
			处暑				七	
			白露	73°	118	9月		
			秋分				八	十五：中秋，满月，欢宴
			寒露	63°	73	10月	九	二十四：灶神娘生日，祭祀
			霜降					
			立冬	52°	46	11月	十	初九：重阳，欢宴，祭灶神
			小雪					
			大雪	42°	29	12月	十一	初一：新稻登场，先祭祖宗
			冬至					
			小寒				十二	二十四：送灶神爷
			大寒	28°	54	1月		三十：祭祖宗

第十章　农业

　　农业在这个村子经济中的重要性，已经在以上章节中显示出来。这村有三分之二以上的农户主要从事农业。一年中有 8 个月用来种地。农民的食物完全依赖自己田地的产品。因此，要研究生产问题，首先必须研究农业问题。

　　本章所使用的"农业"一词，只是从它的狭义说的，指的是使用土地来种植人们想要种的作物。要研究如何使用土地，必须先分析土地本身。土壤的化学成分、地形和气候都是影响农业的条件。我们也需要了解谷物的生物性质。这些分析尽管比较重要，所需要的专门知识却往往是人类学者所不具备的。然而，农业占用的土地不只是自然实体。文化把土地变成了农田。此外，在农业中，直接指导人类劳动的是人们自身掌握的关于土地和谷物的知识，通过技术和信仰表现出来。

　　从分析物质基础开始，我们首先来描述一下这个村子的农田。根据技术需要出发的农田安排，对劳力组织、土地所有权和亲属组织都有深远的影响。研究这个问题对进一步研究人与土地关系问题的各个复杂的方面将是最好的开始。

一　农田安排

农田的安排取决于农民选择种植哪一种作物。这个村农业的主要作物是水稻、油菜籽和小麦。水稻的种植期从 6 月开始，12 月初结束，这是主要农作物。收稻以后，部分高地可用来种小麦和油菜籽。但后两种仅是补充性的农作物，其产量仅供家庭食用。

村里 90% 以上的土地种植上述这些农作物。沿着每一圩的边缘，留有 10 至 30 米的土地种桑树，有三个圩再留一块大一些的空地盖房屋。在边缘的土地较高，也用作农田的堤堰。

种庄稼的土地被分成若干农田。由于种水稻需要定期供水，因此农田安排还取决于水利管理措施。

向我提供情况的人说："水是农田中最重要的东西。如果土壤干裂，稻就会枯死，如果水太多，淹过稻'眼'时，稻又会淹死。"稻"眼"即上方叶和茎的接节点。当地人认为，这部分被淹了，六七天之内，稻就枯萎。把稻的这一部位说得如此脆弱，未必那么真实。但稻"眼"确实被用作标志稻田中水多水少的一个基准。必须按照稻的长势调节水面，水位太低时进行灌溉，太高时则及时排水。水的管理是农业中的一件主要任务，它支配农田的地形。

土地被河流分割成小块，称作"圩"。每一圩周围是水。每一块农田得水机会的多少视这块农田在圩中的位置而异。圩正中间的一块田离河最远，被灌溉的机会也最少。为使中间的农田得到足够的水，人们必须把圩的土地平整得犹如一个碟子，但碟状土地表面又为储水带来困难。水总是趋向水平面，因此农田不能得到水的平均分配，反而中间形成水塘，边缘土地干旱。所以必须筑起与土地边缘平行的田埂。另一个困难是必须从较低的河流中将水引到较高的田地中来，这样，便必须用水车。人们在河岸上选择一个地点，安装好水车，同时还要挖一道水渠以便将水引到里面的稻田。靠这一车水点供水的每一大片田地，还要有与边缘相垂直的田埂。两种田埂相互交叉，把农田分成小块，称作"小块田"或"爿"。

每小块田的高低必须相同，以便能得到平均的灌溉。小块田的所有权如果不属同一家，那么耕种者之间常常因灌水发生争执。每一片田地有一条共同的水渠通过，在每片田地的小块田间有一个通水口。农民引水进田时，先从边缘的小块田开始。在一小块田的进水口处下面把水渠堵住，这样水便流入这小块田地。水灌足后便堵住这一进水口，打开水渠再灌溉下一块田地。这样继续下去直到最后一块田浇灌完毕。一片田地为一个灌溉单位（见图 4）。

雨水多的时候，这一灌溉系统不能把田里多余的水排出，因为水不能从较低的田中央往较高的田边缘流出。所以必须在整个碟形圩地的最低部分挖一水沟。它汇集了各大片田里多余的水，水沟终端装部水车把水排出。接着，我们将看到灌溉和排水需要

1. 河
2. 车水灌溉点
3. 经过大片田地的水渠
4. 小块田周围的埂
5. 一小块田的临时进水口
6. 暂时封闭水渠
7. 公用排水沟

图4　田埂和水渠系统

不同的社会组织工作。

　　单纯从技术观点来看，排水问题的困难主要是各圩面积大小不等的问题。圩的大小取决于河流天然分布的情况，大小相差极大。例如，这个村里有11个圩，大小从8亩至900余亩不等（第二章第二节）。圩的面积越大，将它纳入集体排水系统的困难越多。为适应紧急需要并提高工作效率，大圩必须分成较小的排水单位，称"墐"，各墐之间筑了较大的埂，也是农田里的主要道路。

　　农田安排平面图，如图5所示。图比实际情况简单得多，但足以说明刚才描述的情况。

图5 西长圩农田的安排

1.房屋 2.种桑树的边缘地 3.两埂田中间的埂 4.桥

5.两小块田之间的埂 6.一小块田 7.车水灌溉点

8.集体排水点 9.公用排水渠 10.河

二　种稻

田地主要用来种稻，但不完全是种稻。目前只限于研究种稻这一方面。

6 月开始种稻。先准备好一小块田地育秧。把种子撒在秧田里。约一个月以后，稻子长出 30 厘米长的嫩秧。这一时期稻秧不需要大的间隔，只是在浇灌方面需要细心调节。在小块田地上育秧，同时在大块田地上做准备工作，这样比较方便、经济。

移秧之前必须做好以下准备：翻地、耙地、平地，然后是灌溉。一切工作都是人力做的。这个地区农业劳动的一个特点就是不用畜力。下面我们将看到，农田较小，每户的土地又是如此分散，以致不能使用畜力。农民只用一种叫作"铁锴"的工具，它的木把有一人高，铁耙上有四个齿，形成一个小锐角。农民手握木把的一端，把耙举过头先往后，再往前甩，铁齿由于甩劲插入泥土，呈一锐角，然后向后拉耙，把土翻松。这个村子不用犁。

翻地以后，土块粗，地面不平。第二步就是耙地和平地，使用同一工具。一个人翻耙平整一亩地需要 4 天。

这一阶段要引水灌溉，必要时需检修田埂和水渠。用水车从河流车水。水车有一个长方盒形的、三面用木板做成的管道，木管内有一系列用小木片做成的阀，由活动的链条连在一起形成一个环。小阀接触三面木头的管道便在管内形成一系列方形空间，链条通过枢轴与一个轮子相连。农民踏动轮旁的踏脚板时阀链便按圆环形转动。木管的下部置入水中，上部打开，对着一个通向水渠的小水塘。由阀和木管三面形成的小方空间在下端充满了水，阀链转动时便将水带上来，流入水塘。水并非通过空气压力的差别带入塘内，而是由于阀的转动把水带到水塘。

用这种工具把水车至高处，效率不很高。由木阀形成的方形空间结构不严密，阻力较大。为一亩地车水高出地面 10 余厘米约需用一天的时间。灌溉上的低效率使每一大片田地中相连的小块田地产生了不同的价值。我在前面已经提到，水从边缘的田地依次流到中间，中间的田地必须等边缘的田地灌溉结束后，才能得到它所需要的水。雨水太多时，中间的田地又必须等待边缘的田地排完水后，多余的水才能排除。而等待排灌时间的长短则有赖于水车效率的高低。排水系统的不能令人满意的效率，当然是产量降低的一个因素，因此也就产生了土地价值的差别。边缘田地与中间田地价值的差别有时可达 10 元或相当于土地平均价值的五分之一。

前两年，村里有了两台动力抽水泵。一台为私人所有，另一台为合作工厂所有。承包全年的灌溉，按每亩收费。这使整个灌溉过程逐步转入集体化和专业化。然而，这种机器尚未被普遍采用，主要是因为使用机械而节约下来的劳力尚未找到生产性的出路。从村民的观点来看，他们宁愿使用旧水车，不愿缴纳动力泵费用而自己闲搁数月。有些人告诉我，那些依赖动力泵灌溉的人，自己没有事，便到城镇的赌场去赌博，害了自己。现在尚未看到节约劳力的机器和水利集体化过程对社会组织和农田安排的影响。

引水到田以后，每亩田还需要用一天的时间加以平整。现在就可以估计在准备土地过程中总共需要多少时间。一个劳力如果种7亩地，大约需要35天，相当于稻秧在秧田里生长所需的时间。

农活开始的时候没有什么仪式，每个农户自己掌握农活开始的时间，时间先后的差别约为两个星期。

把稻秧从育秧田里移植到大田里，是种稻的重要部分。人们把这段时间描述为"农忙"时节。农民一早出发到秧田去，秧田有时离稻田很远。农民必须用船来往运送秧苗，孩子们那时也被动员起来帮助工作，但不用妇女。插秧时六七棵秧为一撮插在一起，孩子们的工作是把秧递给插秧人，一个人不旁移脚步，在他所能达到的范围内，一行可插六七撮，这一行插完后，向后移动一步，开始插另一行。插完一片地以后，再从头开始插另一片。在同一块田地，如果同时有几个人工作，他们便站成一行同时向后移动。插秧人那有节奏的动作给人留下深刻的印象。对这种单调枯燥的工作加点节奏是有益的，为保持这种节奏，农民常常唱着有节奏的歌曲，随之发展而成专门的秧歌。但这一地区的女子不参加插秧，秧歌流传不如邻区广泛。

每人一天大约可插半亩，插7亩约共需两周。

7月已经是夏天了，在华氏80度的气温下，稻的长势很快。这时期雨水很多（5.5英寸），老天帮忙，为幼秧提供水源。但自然界不总是那么可靠的。如果两三天没有雨，秧就需要车水灌溉，这就需要人力。如果连续下三四天雨，人们又要忙着车出多余的水。

和稻混杂在一起的野草有时长得更快。插秧工作刚刚结束一个星期，农民便需忙于除草。专用于除草的工具是一片装在竹竿柄上的木板，上面有很多钉子，农民手握耙柄，把钉耙向后拉过泥土，便把野草拔除。

除草后，下一件工作便是给土地施肥。肥料有人粪肥、畜粪肥和豆饼。黄豆榨油以后剩下的渣，压成豆饼。豆饼被碾成碎片，均匀地撒在田地里。

人粪肥保存在房屋后面的专用的粪坑里。羊粪从羊栏里收集、曝露、晾晒，并与草混合以后，撒在田里。不用新鲜粪肥。

当稻长到相当高度，开花以前，还需彻底除一遍草。这时便只能用手来拔草，因钉耙容易伤害作物的根部。为避免伤害稻，农民在大腿部系一马鞍形竹筐，他们在泥里行走时，它可先把稻撇开。

从7月到9月农民几乎都在除草和灌溉，中间有数次短的间歇。工作量的大小依据雨量的多少。9月上旬，稻子开花，月底结谷。这一时期没有特殊的工作可做，是最长的农闲时节。到10月下旬，某些早稻可以收割。长长的弯形镰刀便是收割的工具。割稻时把稻秆近根部割断，扎成一捆捆放在屋前空地上。打谷在露天空地或堂屋中进行，把谷穗打击着一个大打谷桶的一边，谷子便从秆上落下，留在桶底，然后收集起来。打过的稻秆便堆放在路边。

稻谷被放在一个木制磨里去壳，碾磨转动，壳便与米分开。粗磨的米可以出售，再经过一次精磨，才能食用。最后一次碾磨过程完全用现代机器进行。旧式工具杵臼已不再使用。

三　科学与巫术

在上述农田安排、灌溉与排水、翻地与平地、插秧与除草等农活中所用的知识，是通过农民的实践经验长期积累一代一代传授下来的。这是一种经验性的知识，使人们能控制自然力量，以达到人们的目的。详细的调查研究会表明这个地区的农业科学发展到如何高的程度。上述情况已经说明，人们懂得稻的生长过程中的普通生物原理，不同时期所需的水量，植物生理中叶子和根部的作用以及有关水的运动、水平面等的物理常识。

通过他们采用新技术和工具的方式，也可以看到他们对所经营的事业采取了一种经验式的方法。对工具的选择完全是从经济和效率原则出发的。例如，需要紧急排灌时就用水泵，但作为平时灌溉，花费太大时就不用它。

然而到目前为止，科学只能通过人力的有效控制来支配自然因素。自然界中尚有不能控制的因素。譬如对水的基本需要只能通过排水、灌溉、筑堤、挖沟等人为的手段进行部分的控制。大部分还是要靠雨水。如果雨水太多或太少时，不管人们如何努力使用水泵，稻还会枯死或淹死。蝗虫可能出乎意外地突然到来。在这种性命攸关的领域，也仅仅在这一范围内，我们发现人们有非科学的信仰和行动。

这并非意味着人们把雨和蝗虫当作是超自然的表现。他们有气象知识。"天气太热时，湖水蒸发太多，气温一有改变，就会下雨。"但这些自然现象，人不能控制。它们对实际生活可能是巨大的威胁，可能顿时把一切努力化为乌有。在这个关键时刻，人们说"我们靠天吃饭"。承认人的力量有限，转而产生了种种巫术，但巫术并不代替科学。它只是用来对付自然灾害的一种手段。它不排除其他手段。科学和巫术同时被用来达到一个现实的目的。[①]

巫术不是一个自发的个人的行动，而是一种有组织的制度。有一个固定的人，他拥有魔力并负责施展巫术。其次，有一套传统的礼仪来唤起超自然的干预。最后还有一些神话来维护这种礼仪和巫术师的能力。

当遭到水灾、旱灾和蝗灾的威胁时，便要施行巫术。过去每逢这种时机出现，人们纷纷到县政府去要求巫术的帮助。按照古老的传统，县行政官就是百姓的巫术师。有水灾时，他就到河边或湖边把供物扔进水里，祈求洪水退去。干旱时，他就发布命令禁止宰猪，并组织游行，游行者带着一切象征雨的用具如伞、长筒靴等。有蝗灾时，他就带着刘皇的偶像游行。

以下神话解释了地方行政官担任巫术师的义务以及他担任这一角色的效果。在县政府所在地，吴江城北门大约一里开外的地方，有一个拜祭张大帝的庙宇，他的生日是阴历二月初八（第九章第二节）。按照人们的信仰，他是很久以前历史上的一个县行政官。在他任职期间，有一次大雨连绵不断，湖水泛滥，造成了水灾的威胁。他便到湖边下令退水，把他的鞋、衣服和标志官

[①] 巫术与科学的理论，见布·马林诺夫斯基教授的"文化"条，《社会科学百科全书》（"Culture"，*Encyclopedia of Social Science*）。

衔的玉带，一件件扔进水里。但是水仍然上涨，雨继续不停地下着。最后，他自己纵身投入水中。水灾被征服了。直到现在，据说每当县里发生水灾时，张大帝偶像的长袍总是非常潮湿，因为他仍旧在暗暗地履行他的职责。

就我所知，村里不知道有关刘皇和他的灭蝗的神话。但在吴江附近的城镇里，刘皇是人人皆知的。刘皇是一个历史人物。他一生受后母的虐待。小时候是一个淘气的男孩，还能施展巫术。一夜，他邀请了所有的朋友来赴宴，把他家中的牛全部杀死。清早，他把牛的头和尾巴安放得犹如把牛半埋在地下一般。但天快破晓，他尚未安放完毕。他命令太阳慢些升起，太阳便又落到地平线下。据说，甚至到如今，早上太阳还推迟片刻升起。当他后母发现牛被半埋在地下时，由于刘皇的巫术，牛都哞哞地向主人呼叫，摇着尾巴。后母十分恼怒，后来便更加残暴地虐待刘皇，直至他死去。他死后，人们仍然相信他的阴魂有能力赶走蝗虫。这一神话证明了这个淘气男孩的魔力，也是目前人们信仰和施行驱蝗巫术的依据。

地方行政官的这种巫术师的职能是与现代行政公务的概念相违背的。而且，现在的政府认为人民中间的迷信是社会进步的障碍，因此政府发布了各种命令禁止任何巫术。所以现今的地方行政官不仅拒绝履行人民的巫术师的传统职能，而且还应该执行反对巫术的法律，但水灾、旱灾、蝗虫的自然威胁仍然危害着人民。他们的科学知识和装备仍然不足以控制许多自然灾害，对巫术的需要依然保留不变。

一个前地方行政官告诉我这个问题是如何得到解决的。"在人们普遍要求有所举动对付旱灾的压力下，我不得不发出命令禁止宰猪。我认为这是很有用的，因为流行病往往与旱灾俱来，素食能防止传染病流行。这是这种信仰的真正的作用。在我缺席的情况下组织了游行。强迫人们不抵御旱灾是不利的。"

只要巫术对人们的生活起着一些有用的作用，尽管政府发出多少命令和阐述很多理由，它仍然会存在的。在理论上，从把巫术当作一种假科学，并认为它对科学发展是一种障碍，转变到承认它的实际作用，对于处理这个问题采取实际态度方面，能给以一些启示。这种事情不是命令所能禁止的，只有提供更有效的人为控制自然的办法才能消灭巫术。既然目前不可能有完全的科学控制办法，那么在人类文化中也难以完全消除巫术。

四　劳动组织

谁在田里劳动？在什么情况下农民需要合作？谁和谁合作？形成了何种组织？让我们仍然从技术的角度来考察这些问题。把法律上的问题留到下一章去探讨。

我已经讲过，户是基本经济单位。但一户中并不是全体成员都参加农业劳动；孩子只是有时候到田地里去，女人完全不参加农业劳动。农业主要是男人的职业。男人和女人的这种劳动分工是产丝地区的一个特点。它说明了蚕丝工业的发展是产生这种特点的主要因素。在家庭缫丝业兴旺时期，女人忙于缫丝时，男人正忙着准备稻田。另一方面，从丝业得到的收入可与农业收入比拟，这也使人们有可能靠小块农地生活下去。因此农田的大小一直保持在有限的范围内，农业所需的劳动量也相应地有所限制。

为说明村里的劳力和土地是如何恰当安排的，可引用几个统计数字。成年男子，实际的或潜在的农业劳动者，年龄在15至55岁之间的其总数共450人。如果将2758.5亩耕地平均分配给劳动者，每人将得6.1亩。上文我已经说明了工作速度，稻的生长所需时间，以及得出一个人可耕种约6亩地的结论。从技术上来说，我已经表明了使用铁耙耕作使得大部分劳动成为非常个体性的。集体工作不比个体劳动增加多少收成，效率也不会提高很多。目前的技术已决定了这样大小的一片土地需要多少劳动量。因此，我们也有了每个农业劳动者能种多少亩地的近似数字。这一事实对土地占有、对农田分散的制度、对分家的频率，以及对小型的户都有深远的影响。

目前，丝业的衰落打乱了传统协调的经济活动。缫丝工业被现代工厂接收后，农田的大小仍然同过去一样。由工业变化而剩余的妇女劳动力不能为这种小块农田所吸收。这种失调的情况可以从妇女在村里闲暇时间较多这一情形中观察到，也可以见之于妇女人口从农村到城镇的高度流动性。在邻近的村庄里农田较大，在适应工业变化的新情况过程中，妇女劳力被农业所吸收。这说明传统的劳动分工是出于实践的安排，而不是由于非经验的原因。它是经济调节的一个部分。在男子只靠自己劳动，而农田不能再扩大的情况下，农业是不需要女劳力的。唯一需要女劳力的场合是紧急灌溉或排水的时期。控制水有时候需要立即行动，女人便毫不犹豫地去车水。

一户里的男子在同一农田里工作。他们之间没有特殊的分工。每个人做同样的工作，除在插秧时，孩子不插秧而是给成人递秧苗。所以大部分劳动是个体性的。

水的调节是需要合作进行的。在灌溉过程中户的成员，包括女人和孩子都在同一水车上劳动。在排水时必须把一墆地里的水从公共水沟里排出去。在同一墆地里劳动的人是共命运的，因此便出现了一个很好地组织起来的集体排水系统。为描述这种系统，我试举两长圩北墆为具体例子，加以说明。

这一墆地有 336 亩地。在北面边缘有一条通向河 A 的共同的水沟。在出口处有 15 个车水点。这就是说，可以有 15 架水车同时工作。每一水车需要 3 名劳动者。墆的每个成员所提供的劳动量，以户为单位，是同他所有的土地大小成比例的。派工是以劳动单位来计算的。一个单位是在 4 天内总劳动量的 1/336。15 架水车，每车分 22.4 单位。每个人工作 4 天算作 6 个单位，提供水车的人和小队管理人算作 4.4 单位。这种计算方法叫作"六亩算起"。这就是说这墆地里每 6 亩地的土地所有者应每天派一个人参加劳动，3 亩地的拥有者每隔一天派一个人参加工作等等。每墆田，由于大小不同，各有其计算方法。

墆的成员按照 15 架水车组织成 15 个小队。每年由队里一个人负责提供水车并管理队的工作。这一职务由队里的成员轮流担任。15 个队，有一个总管理人。这个职务也是轮流担任的。年初，总管理人召集其他 14 个管理人开会，准备筵席，作为正式开始的仪式。总管理人有权决定何时开始或停止排水。

每逢需要排水时，总管理人向其他管理人发布命令。清晨，这些管理人敲着铜锣通知值班人员。半小时以后，如果任一值班人员没有到水车前来，在同一水车前工作的另两个人就停止工作，拿着水车的枢轴到最近的杂货铺去并带回40斤酒和一些水果、点心等，这些东西的费用作为对缺席者的罚款。但如果是管理人没有通知那个缺席者，管理人自己必须承担责任。

排水的集体负责制使得引进现代水泵发生了困难，因为用新式水泵需要获得全塆的一致赞同。这种组织将如何适应技术改革的需要，还有待于进一步的观察。

第十一章　土地的占有

　　土地的占有通常被看作习惯上和法律上承认的土地所有权。马林诺夫斯基教授指出："但是，这种体系产生于土壤的用途，产生于与其关联的经济价值。因此，土地的占有不仅是一种法律体系，也是一个经济事实。"

　　"我们能够立刻提出这样一条原则，任何仅从法律的观点来研究土地占有的企图，必然导致不能令人满意的结果。如果对于当地人的经济生活不具有完备的知识，就不能对土地的占有进行定义和描述。"

　　"'对游戏本身一无所知，就不能理解游戏的规则。'这句格言说明了这种方法的本质。你必须首先知道人类怎样使用他的土地；怎样使得民间传说、信仰和神秘的价值围绕着土地问题起伏变化；怎样为土地而斗争，并保卫它。懂得了这一切之后，你才能领悟那规定人与土地关系的法律权利和习惯权利体系。"①

---

① 《珊瑚园和它们的巫术》(*Coral Gardens and Their Magic*)，1935年，第318、320页。

在前一章中，我们已经研究过村民是如何利用土地和水的。现在我们准备讨论土地占有问题。

一　湖泊、河流及道路

就水的用于交通来说，它并不为任何人所专有。但是当你进村的时候，可以看到在河的入口处装着栅栏，夜间栅栏关闭。作为交通手段，河流的使用在这方面受到了限制。这是为了防止坏人利用此交通路线，对村民的生命和财产进行威胁。

另一方面，由于交通航道不是任何人专有的权利，所以，不允许任何人阻拦河中的船只，干涉公众的便利。在饮用水及洗涤用水管理方面也有同样的限制。丝厂不得不建在河的下游，否则脏水就会污染河水，使得他人无法饮用。

灌溉用水的管理要复杂得多。不允许人们为垄断水源而在河中筑堤。这是村民之间经常发生争执的问题，在旱期尤为如此。人力引入农田的水属于参加这项劳动的人所专有。为了从较高的地块"偷"水而掘开田埂是不允许的。但一块地可能属几个人共有，每人各占其中一部分。由于各人占有的各部分之间没有田埂隔开，所以水是大家分享的。在这种情况下，根据这块田地上各人地片大小不同来公平分配每个人在灌溉中应付出的劳动量。最重要的一点是，这块田的地平面要保持平坦，为的是使水的分配公平。这是产生争论的又一个起因。我目睹了几起这样的争执。因为每个人都想降低他那部分的地面，以有利于水的蓄留。

水中的自然产品包括鱼、虾和水藻。水藻可用来肥田。所有
水产是村子的共同财产。这就是说，村里的居民对于这些水产享
有平等的权利，其他村庄的人们则排除在外。为了说明其含义，
可以引用以下的例证。

1925 年，周村长把村西的湖中捕鱼的权利租给了湖南省来的
人。这是由于那时村庄需要钱来修理河上自卫用的栅栏。签订合
同以后，周向村民宣布，今后不得有人去该湖捕鱼。村民遵守了
这个协定。我在村里的时候，发生了一起争端。那些湖南人抓获
了一条捞虾的船，把渔民押送到城里警察署，控告他们偷窃。周
抗议说，租给湖南人的不是那个湖，而是在湖中捕鱼的权利，这
个权利不包括捞虾的权利。最后，被抓的人获释。

村民还要阻止外来者在河里采集水藻。

在村内和村周围水中采集自然产品的权利由村民共享，但捞
获的鱼和水藻是属于捞获者专有的财产。

田埂和公共道路，就交通用途而言，像水路一样，不是任何
人的特有财产。任何人不得拦阻公共道路或田埂上行走的任何其
他人。但是道路和田埂也用来种菜。这种道路和田埂的使用权，
是对此有特殊权利的家所专有的。因为公共道路要通过各家门前
的空地，这空地是用来堆放稻草、安放缫丝机和粪缸、安排饭桌、
晾衣服的地方，所以这个问题比较复杂。每一家都有把道路作这
些用途的特权。

二　农田的所有权

所有农田都划分归各家耕种。在我们讨论农田所有者之前，必须为农田所有制的概念下一个明确的定义。

根据当地对土地的占有的理论，土地被划分为两层，即田面及田底。田底占有者是持土地所有权的人。因为他支付土地税，所以他的名字将由政府登记。但他可能仅占有田底，不占有田面，也就是说他无权直接使用土地，进行耕种。这种人被称为"不在地主"。既占有田面又占有田底的人被称为"完全所有者"。仅占有田面，不占有田底的人被称为"佃户"。我将只按照以上定义使用这些词语。

无论是完全所有者还是佃户，只要是田面的所有者，就能自行耕种土地，据此可以把这种人与不在地主区别开来。这种人也能够把土地租给他人，或雇工为自己种地。承租人有暂时使用土地的权利，他也能雇工。根据以上情况，拥有田面权利的人可以不是土地的实际耕作者。因此我们必须把实际耕作者、田面所有者以及田底所有者区别开来。对于同一块土地，他们可以是同一个人，也可以是不同的人。

所有这些人都对土地的产品有一定的权利。田底所有者可以要求佃户交地租。田面所有者可以要求承租人交租。雇工可以从雇主那里取得工钱作为劳动的报酬。无论土地的实际收成如何，不在地主、出租者以及雇工分别取得固定的地租和工钱。所以，

147

完全所有者、佃户和承租者都要承担风险。后者（有时雇工除外）也是农具的所有者。下表对以上几点进行了归纳。

名　称	合法权利	报　酬	责　任	农具的所有者
雇　工 （a）短工 （b）长工		日工资、年 工资、食宿	耕　种 耕　种	不是或是 不是或是
承租者	暂时使用田面	产　品	耕种、付给出 租者地租	是
佃　户	永久地拥有田面	产　品	付给不在地主 地租、耕种	是
不在地主	拥有田底	向佃户收租	向政府交税	不是
完全所有者	拥有田面 及田底	产　品	向政府交税	是

三　雇农及小土地出租

田面所有权通常属于家这个群体。家提供男子到田里劳动。但有时它也许不能提供足够的劳力，这就产生了雇农制度。从事这种劳动的人是长工。长工住在家里，得到食宿供应。每年付给长工80元的工钱，在新年农闲期间有两个月的假期。在需要短期劳动力的时候就雇用短工。短工住在自己家中，自供膳食。短工通常有自己的土地，只有当他们完成了自己的工作后才受雇。

长工出卖自己的劳动力，不拥有生产工具，偶有锄头。长工来自那些土地太少，以致劳力有余的家庭。尤其是那些需要钱娶妻的人，他们愿意为别人做几年长工。我没有遇到过一辈子都没有土地的人。这个村庄中的雇工总共只有 17 人（第六章第一节）。这说明，在这个村子的经济生活中，雇工制度不起重要作用。如果我们考察一下人口统计数字，这个现象就能得到解释。前面已经提到（第三章第三节），任何一家只要其占有的土地在平均数以上，这家就很可能有较多的孩子。孩子长大之后就要分家产，换句话说，家中原来就不多的劳动机会，在人口压力和亲属关系的意识之下，更加减少了。况且也没有迹象表明人们要离开自己的土地去寻求其他职业，而同时又雇工来耕种土地。首先，这是由于职业分化的程度很低（第八章第一节）；其次，是由于土地附有特殊价值（下一节）；最后一点是，由于城里的工业不发达。

小土地出租制度也是非常有限的。出租土地大多是因为家里的男人死亡，孤儿寡母无力耕种土地。小土地出租与佃租是大不相同的。出租者保留土地的所有权。合同有一定的期限。出租者可以自由选择承租人，在合同期满时，可以更换承租人。

将这里的情况与华南的情况相比较是很有意思的。华南的雇工与无地的贫农为数较多，土地出租制要复杂得多。[1]这似乎是由于华东"不在地主制"的特点，即"永久性佃权制"的存在，而在华南，已经消失了。接着让我们来考察一下"不在地主制"。

---

① 《华南土地问题》（*Agrarian Problem in Southernmost China*），陈翰笙，岭南大学，广东，1936 年，第 4 页及第 3 章。

四　不在地主制

为了研究不在地主制度，必须首先考察土地所附有的价值。土地的基本作用是生产粮食，但土地不仅仅是生产粮食的资料。

土地的生产率随着人们对农田的照料和投入的劳动量而波动。而且人只能部分地控制土地，有时会遭到出乎意料的灾情。因此，对人们的期望来说，土地具有其捉摸不定的特性。恐惧、忧虑、期待、安慰以及爱护等感情，使人们和土地间的关系复杂起来了。人们总是不能肯定土地将给人带来些什么。人们利用土地来坚持自己的权利，征服未知世界，并表达成功的喜悦。

尽管土地的生产率只能部分地受人控制，但是这部分控制作用提供了衡量人们手艺高低的实际标准。名誉、抱负、热忱、社会上的赞扬，就这样全都和土地联系了起来。村民根据个人是否在土地上辛勤劳动来判断他的好坏。例如，一块杂草多的田地会给它的主人带来不好的名声。因此，这种激励劳动的因素比害怕挨饿还要深。

土地，那相对的用之不尽的性质使人们的生活有相对的保障。虽然有坏年景，但土地从不使人们的幻想彻底破灭，因为将来丰收的希望总是存在，并且这种希望是常常能实现的。如果我们拿其他种类的生产劳动来看，就会发现那些工作的风险要大得多。一个村民用下面的语言向我表述了他的安全感："地就在那里摆着。你可以天天见到它。强盗不能把它抢走。窃贼不能把它偷走。人死了地还在。"

占有土地的动机与这种安全感有直接关系。那个农民说："传给儿子最好的东西就是地，地是活的家产，钱是会用光的，可地是用不完的。"

的确，获取食物的方法很多。可是人们不愿意拿自己的土地去和其他资料交换，即使其他的生产率更高，他们也不愿意。他们确实也从事其他职业，例如丝业和渔业，但农业始终是村里的主要职业。

对于情况的分析越深入，这个问题就越明显，土地不仅在一般意义上对人们有特殊的价值，并且在一家所继承的财产中有其特殊价值。土地是按照一定的规则传递的（第四章第三节）。人们从父亲那里继承土地。起源于亲属关系，又在对祖先的祭祀中加深的那种情感，也表现在对某块土地的个人依恋上。关于绵续后代的重要性的宗教信仰，在土地占有的延续上得到了具体表现。把从父亲那里继承来的土地卖掉，就是触犯道德观念。"好儿子不做这种事。这样做就是不孝。"这种评论总结了这一传统观念。

一直在某一块土地上劳动，一个人就会熟悉这块土地，这也是对土地产生个人感情的原因。人们从刚刚长大成人起，就在那同一块土地上一直干到死，这种现象是很普通的。如果说人们的土地就是他们人格整体的一部分，并不是什么夸张。

土地的非经济价值使土地的交易复杂化。虽然土地具有非经济价值，但从任何意义上讲，它都没有失去其经济价值。在感情和道德上对于出卖土地的反应，并不完全排除土地交易的可能性。人们有时急需用钱，经济紧张迫使人们把土地当作商品对待。除了在真正压力很大的情况下，我没有发现其他转让土地的事例。即使在那时，出卖土地也要通过转弯抹角的形式来完成。

一个急需用钱的人，不管是纳税还是交租，都是被迫向放债者借钱。在一定时期之后，如果借款者无力偿还本金及利息，他就被迫把土地所有权（限于田底所有权）转交给放债者。[①]实际上，这种交易对于借款者没有什么意义，因为在日益加重的利息负担下，借款者很难有希望偿还债务。偿还高利贷比交付定租还要难以忍受。

事实上，从每年偿付利息变为每年交付租金，对负债者而言并无很大差别。我遇到一例情况，有关的人甚至还不理解这种改变的意义。"我借了他的钱，他占了我的地。我没有希望赎回我抵押出去的地。我付给他的钱到底是租还是利，这又有什么关系呢？"

当地的土地占有理论，进一步掩盖了这种差别。佃户保留着他的田面所有权。这个权利不受田底占有者的干涉。按这种惯例，佃户的权利得到了保护，不受田底所有者任何直接的干涉。[②]

---

① 在华南还可以看到，土地的移交是通过抵押这个中间步骤来完成的。陈翰笙说："有时，半数的贫农家庭抵押了他们的土地，如在翁源和梅县的许多村子中那样。在那个地方，拥有土地的农民比例相对地较高。抵押的价格为土地价格的 50% 至 60%，很少有 80% 到 90% 的。当然，只有极少数的贫农愿意出售自己的土地，多数人抱着赎回来的希望抵押自己的土地。但是，一旦贫农踏入了高利贷之墓门，他们就会被不容逃脱的阶梯一步步引入墓穴深处，再次离开坟墓的机会渺茫。在广东，至少有 70% 或 80% 的无地贫农在抵押中失去了一部分地产。""根据统计，在番禺县的 10 个有代表性的村子中，贫农在 5 年内抵押和出售的土地占他们土地面积的 5%。"《华南土地问题》，第 95—96 页。
② 《民法》，第 846 及 847 条。

152

佃户的唯一责任是交租。根据法律，如果佃户连续两年交不起租，地主即可退佃。但该法并不适用于惯例至上的地方。[①]逐出佃户的实际困难在于寻找一个合适的替换者。不在地主自己不耕种土地。如果由外村人来挤掉本村人的位置，那么这些外村人也不会受到本社区的欢迎。只要是有正当的理由交不起租，村民们是不愿意卡同村人的脖子的。在这种情况下，抱着将来收回租子的希望，宽容拖欠是符合地主利益的。这种情况并不会对地主的地位造成真正的威胁，因为，只要有可能交租时，就有规定的制裁办法迫使佃户还租。

按以上分析，在土地占有问题中的几个重点已经明确了。村里土地的实际耕种者（雇工除外）保持不变，甚至在田底所有者变更后仍然如此。因为放高利贷被认为是不道德的，所以邻居不可能互相压榨。不在地主制度仅仅出现在农村和城市的关系之中。田面所有权一直保留在村民的手中；即使是住在村里

---

① 永佃制似乎保护了贫农不致因乡村工业需要资金而迅速失去土地权。不应把永佃制当作历史遗存来研究，而应把它作为耕种者与投资者利益的调节来看待，是不在地主制整体的一个部分。这也可以用华南所做的观察来说明。陈翰笙说道："一个明显的事实是，在广东的西南部尚未听说过永佃制，这里恰是那种人们预料会有旧经济陈迹的地方，因为至今这里还较少受到现代商业的影响。另一方面，在一些料想不到的地方，却见到了这种惯例。就是在广东省的最东端，韩江上来来往往的不仅有帆船、驳船，而且还有现代的轮船，以及一条地方铁路，经营得生意兴隆，汕头商业界的现代化影响出现在内地。在这个地区，的确不只是有永佃制的遗迹，而是已耕地的相当一部分实际上以这种形式出租。"（《华南土地问题》，第52页。）陈翰笙倾向于用历史观点来解释永佃制（《华南土地问题》，第51页）。尽管上面的引语表明，目前的事实与他的期望并不吻合。对我来说，做历史的解释，其本身可能很有意义，但如果我们试图理解永佃制在土地占有中的作用，则这种解释并不重要。若不怀无根据的期望，陈翰笙就可能会意识到金融问题与土地问题关系的重要性。他在分析中，曾几度非常正确地指出了这一关系，但未能加以强调。

的外来户也难以成为田面所有者，即土地的耕种者（第二章第五节）。

城镇和村庄之间发生密切的金融关系的结果，使上述不在地主制度获得了新的意义。R. H. 托尼教授正确地说道："看来，在某些地区正在出现……不在地主阶级。这个阶级与农业的关系纯属金融关系。"[1]又说道："也不应忘记，土地的名义占有者常常和放债人的佃户差不多。"[2]

田底所有权的这一变化实际上意味着城镇资本对乡村进行投资。这样，城镇市场中的土地价值与土地的真实价值相差甚大。从地主的观点来看，土地的价值寓于佃户交租的能力之中。土地的价格随着可供土地投资的资本量以及收租的可靠性而波动。于是，土地的市场价格不包含田面的价格。正如我的情况提供者所说，如果他的地主想要种地，地主就得向他购买田面。因为从来没有听说过这种事，所以无法计算田面的价格。

---

[1] 《中国的土地和劳动》(*Land and Labour in China*)，R.H. 托尼（R.H.Tawney），1932 年，第 67—68 页。

[2] 同前引文，第 36 页。目前的材料似乎肯定了托尼教授提出的观点，租佃制问题是城乡间金融关系的职能。他说："自耕所有制在大城市附近极不流行。在那里，城市资本流入农业，据说，在广东三角洲，85% 的农民是佃农，在上海附近，95% 是佃农。但在很少受到现代经济发展影响的地区自耕所有制却普遍盛行。陕西、山西、河北、山东、河南等省是中国农业的发源地，那里约有三分之二的农民据称是土地占有者。他们与工商业几乎没有什么接触，土壤的产量太低，不足以吸引资本家在那里投资，而农民也无能力租种更多的土地。在南方，土壤具有较高的生产率，农业产生了盈余，经济关系的商业化得到了发展，对土地进行投资的诱因和能力相应较强。可以合理地设想，随着现代工业和财务方法扩展到那些尚未受其影响的地区，中国的其他部分也会逐步产生类似的情况。在这种情况下欧洲经常发生的那种农民的习惯权利，为生存而耕作，同不在地主唯是图地做投机生意这两者之间的斗争很可能在中国重新出现。在中国的某些地方，这种斗争已经发生了。"第 37—38 页。

田底所有权仅仅表明对地租的一种权利，这种所有权可以像买卖债券和股票那样在市场上出售。田底所有权可以属于任何法人，不论是个人、家族，或政府。这个所有权可能是私人的，也可能是公共的。但在这里我们不能详加探讨，因为这需要进行超出我们目前范围的调查。[①]

交租的可靠性是不在地主制度发展的一个重要条件，由此导致考察收租的方法和佃户对交租的责任所抱的态度。由于城里土地（即田底）市场的交易自由，地主和他们占有的土地之间的个人关系缩减到最小的程度。大多数不在地主对于土地的位置、土地上种的庄稼，甚至对于交租的人都一无所知。他们的唯一兴趣就是租金本身。

收租可以有各种各样的方式。最简单的一种是直接收租，地主亲自到村子里来收租，但是这种方式的效率不很高。地主跑到各村去找佃户要花时间和力气，大多数地主不愿意自找麻烦，加之，地主与佃农的直接接触有时反而阻碍了收租的进程。佃户可能很穷，一开口就要求免租或减租。另一方面，若是这个地主属于老的文人阶层，他有时会受人道主义教育的影响。我知道几件地主不愿勒索佃农的事。传统道德与寄生虫生活之间的冲突，有时使这些地主绅士们的乡下之行只能得到精神上的满足，而得不到足够的钱来纳税。但这种直接收租的方式限于少量的小地主，大多数地主通过他们的代理人收租。

家产大的地主建立自己的收租局，而小地主则与大地主联合

---

① 参照《华南土地问题》，陈翰笙，第 2 章，第 24—41 页。

经营，租款分成。收租所被称作"局"。佃户不知道，也不关心谁是地主，只知道自己属于哪个局。

佃户的名字和每个佃户耕地的数量，收租局均有记录。在阳历 10 月底，收租局就会通知每个佃户，当年该交多少租。通知由专门的代理人传达。这些代理人是租局雇用的，并且县政府把警察的权力交给他们使用。这样，收租局事实上是一种半政治机构。

在确定收租数量之前，地主联合会举行一次会议，根据旱、涝情况，商定该作何项减免，并决定米租折合成现金的兑换率（地租是以稻米数量为标准来表示的，但以现金交付）。这个兑换率并不是市场上的兑换率，而是由地主联合会独断专行的。贫农必须卖米换钱交租，并且往往正值通常市场上米价较低的时候。租米和租款的双重作用更加加重了交租者的负担。

对于不同品质的土地，地租被分为九等。平均每亩地约交 2.4 蒲式耳租米。这等于土地全部产米量的 40%。

在村里，租金交付到租局代理人的手中。这是本村独特的做法，与本县中其他地方不同。交租的实际数量并不一定与收租通知上写明的数量相等。正如一个老代理人告诉我的："村里的人不识字。他们不知道怎样把米折算为钱。没有收据之类的东西。"如果佃户拒不交租，代理人有权力把他抓起来关到县政府的监狱里去。但如果佃户真的没有能力交租的话，就会在年底得到释放，把他关在狱里无济于事，反而荒了田地，无人耕种。

更加详细地叙述收租方法，就会超出目前的研究范围，但注意佃户对于自己责任的不同态度，是令人感兴趣的。

按老年人的看法，交租被认为是一种道义上的责任。正如有些老人说的："我们是好人，我们从不拒绝交租。我们就是穷，也不会去偷东西，我们怎么会拒绝交租呢？""你为什么要交租呢？""地是地主的，我们种他的地，我们只有田面。没有田底，就不会有田面。"这些习惯规定的约束力是适合于维护这个制度的，不仅是对于监禁的恐惧心理才使得佃户履行职责。佃户不交租是由于遇到了饥荒、疾病等灾难，佃户对这些是没有责任的。一个好心的地主，这时就会同意减免地租。

最近局势正在发生变化。乡村地区的经济萧条已使得地租成为贫农的沉重负担；对地主来说，从地租得到的收入极易受到责难。农民对有关土地制度的一些新思想比较容易接受。"耕者有其田"是已故孙中山先生提出的原则，至少在理论上已被现政府接受。[①]在共产党人和其他左派团体中，正传播着一种更加极端的观点。所有这些思想都已对上述的制裁措施发生了影响。交不

---

① 在中山县土地局《年鉴》的前言中，孙中山先生的一名拥护者写道："土地问题是关系到我们国计民生的根本问题。如果这个问题能得到正确的解决，我们国计民生的问题也就自然会迎刃而解。只有解决了这个问题，人类才能够逐渐摆脱战争。土地所有制中的平等权利是国民党提倡的原则，我们的首要目的是防止少数人的独占，为所有的人提供利用土地的平等权利和同等机会。"引自《华南土地问题》，第 23 页。

在 1924 年《国民党第一次全国代表大会宣言》中有下列陈述："民生主义——国民党之民生主义，其最要之原则，不外二者：一曰平均地权，二曰节制资本。酝酿成经济组织之不平均者，莫大于土地权之为少数人所操纵，故当由国家规定土地法、土地使用法、土地征收法及地价税法。私人所有土地，由地主估价呈报政府，国家就价征税，并于必要时依报价购买之，此则平均地权之要旨也……中国以农立国，而全国各阶级所受痛苦，以农民为尤甚。国民党之主张，则以为农民之缺乏田地，沦为佃户者，国家当给以土地，资其耕作，并为之整顿水利，移植荒徼，以均地力。农民之缺乏资本，至于高利借贷以负债终身者，国家为之筹设调剂机关，如农民银行等，供其匮乏，然后农民得享人生应有之乐。"《国民党以及中国革命之前途》(*The Kuomintang and the Future of the Chinese Revolution*)，伍朝枢，1928 年，附录 C，第 255—256 页。

起租的贫农现在感到不交租是正当的，那些交得起租的人则先观望是否要强迫他们交租。在地主方面，他们必须采取强硬措施来维护自己的特权，他们也不再把可用的资本放在农田上了。结果是佃户与地主间的冲突加剧，乡村经济发生金融危机。县监狱中不断挤满了欠租者。贫农组织起来采取行动，拒绝交租，与政府支持的地主发生了严重冲突。在华东，1935年发生了农民起义，导致了苏州附近农村中的许多农民死亡。土地价值迅速贬值，村子里全部财务组织濒临险境。这个局势在中国具有普遍性。局势最严重的地方是华中，以上问题已表现为中国的苏维埃政权与中央政府间政治斗争的形式。但在我们所述的开弦弓村，问题尚未如此尖锐。较好的天然条件以及乡村工业改造的部分成功，起了缓冲作用。有利于交租的那种约束力仍然在起作用。

五　完全所有制

只有当城乡金融关系密切的时候才出现不在地主制。与城镇资本在乡下的投资相应，农田的田底所有权落到了城里人的手中。目前，该村约有三分之二的田底被不在地主占有，余下的三分之一仍在村民手中。（对于这点，我不能提出精确的统计数。此估计数是我的情况提供者提供的。）村民自己也可以出租土地，也可以雇工，但只是从未得过田底所有权。完全所有者、承租者以及佃户并没有形成轮廓清楚、严密的阶级。同一家可能拥有家里一部分土地的全部权利，可能承租或出租土地的另一部分，也可能还有一部分土地属于不在地主。每家实际耕种的土地量取决于可用的劳动量。因为每家的男性成人人数差别不大，所以每家耕种的土地量也相差无几。但如果我们来了解一下每家耕种自己土地的程度，或者说每家有多少土地是完全属于自己的，我们就会发现这个差别是可观的。村公所向我提供了下列估计数：

土地的数量（亩）	家的百分比（%）
50—70	0.6
30—49	0.7
15—29	0.9
10—14	4.0
5—9	18.0
0—4	75.8

根据这个估计，村中自己有地不到10亩（1.5英亩）的人口约为90%。他们有剩余的劳动力，但没有足够的土地。这样，他们就成了承租者或佃户。

理论上讲，佃户无交税的责任。土地税由田底所有者承担。但实际不然，此地的税收制有些特殊，与本县其他地方不同。

我从前地方行政官那里得到了以下解释。在清朝末年，政府试图对纳税者进行登记，但没有完成。这个地方的税款每年一次分派给每一圩的耕种者，指定他们交纳一定的数额。每圩中有地20亩以上的一个耕种者负责征收此款额。此工作由每圩中的各位合格者轮流担任。政府对收税人分派税款的方式不加干涉。

每一圩交税的数额取决于该圩的面积。但由于土地最近才得到测量，土地的登记尚未完成，所以现在还是根据当地收税者的估计来决定其面积。这个估计不是严格地根据土地的实际大小做出的，而是根据交税人的能力做出的。无论收税人实际收到多少税，他必须向政府上交估定的数额。为了避免他自己必须补足缺额的危险，收税人便以土地荒芜为借口，提出较低的估计。遇到水旱灾情，他就会请求政府减税（这种请求以前是与祈祷神明相助联系在一起的）。

于是，税款负担的实际分派并不严格。收税者可根据人们的能力，通情达理地分配负担。诚实与平等的观念可以防止这种非正规工作中可能发生的弊端。

按目前实行的办法，佃户实际上没有免除交税的责任。关于这一点，我没有确定的资料来表明实际的分派是怎样进行的。

在土地的测量和登记工作完成之后，政府将根据每一个土地所有者拥有土地的实际面积征收税款。通过这一措施，传统税制很可能发生变化。佃户的纳税负担可能解除，但在税率不降低的情况下，肯定要使总税额增加，这是因为以前上报的土地面积总是小于测量面积的。村民意识到了这个可能性，经常想方设法破坏政府的行动。目前，这个问题还远远得不到解决。

六　继承与农业

在第三章中，我推迟了对这个问题的论述，即在家产的传递过程中，土地实际上是如何划分的。这是由于谈这个问题需要预先了解土地的占有制。另一方面，如不考虑亲属关系这一因素，在土地占有及农业技术方面仍有些问题尚不明了。在这一节，我想把土地占有和农业与亲属关系联系起来。

让我们仍以前面章节中一父两子的分家为例。此例中土地被划分为三个不相等的部分。让我们假设：在分家前，这家有一片农田，包括相连的 A、B、C、D 共四块。因为这四块地距河流的远近不同，所以它们的价值亦各不相同。按照规矩，父亲可以挑选自己那一份。假设他选中了田块 A 和田块 B 的一半，这半块可以沿着地头平行划分。田块 B 的其余一半分配给大儿子，作为额外部分。剩下的两块田两兄弟均分。为了保证分配平均，必须使分界线垂直于地头，每个儿子取一条。如果父亲死了，他那一份地还要再分配，划分方式同上。下图说明了此例土地划分情况：

▥ 分家时给大儿子的

▤ 分家时给二儿子的

▨ 再次分配父亲的地时给大儿子的

■ 再次分配父亲的地时给二儿子的

161

这些划分线，或土地分界线，并不一定要同调节水的田埂一致。这些分界线是非实体的，在田块两端的田埂上栽两棵树，用来作为分界标志。遗产的各次相继划分，结果使个人占有土地的界线变得非常复杂。农田被分为许多窄长的地带，宽度为几米。

在中国广大地区都可见到农田的分散性。这个村子亦不例外。虽然不能认为频繁的土地划分就是农田不相邻的起源，但这种划分确实加大了土地的分散程度。每家占有相隔甚远的几条带状田地。从一条地带到另一条地带，有时要乘船20分钟。根据情况提供者的估计，极少有面积在6亩以上的地带。大多数地带不超过1至2亩。目前，每一家有3至7条地带。

狭窄的地带和分散的地块妨碍了畜力的使用，也妨碍了采用其他集体耕作方式。这是中国农业技术落后的首要原因。

再者，一块田地可能有好几个所有者，而每人只对自己那一条地带负责。我们已经看到过这种情况怎样引起了用水方面的频繁争执。

每家土地面积窄小，限制了抚育孩子的数量。另一方面，土地相对较多的农户生养较多的孩子，从而在几代人之后，他们占有土地的面积就将缩小。在这些条件之下，人口与土地之间的比例得到了调整。

第十二章　蚕丝业

蚕丝业是这个村里的居民的第二主要收入来源，这是太湖一带农民的特点。农民从事家庭蚕丝业已有几千年的历史。但近 10 年来，由于上面已讲过的原因（第二章第三节）有所衰退，并引进了蚕丝业的新改革。蚕丝业的衰落深深地影响了农村人民的生活。政府和其他机构已经做了各种尝试来控制这个变化，以减轻或消灭其灾难性的后果。我们所研究的村庄，是蚕丝业中心之一，它为我们分析这一过程提供了典型的例子，同时，由于江苏女子蚕业学校已经开展了改革蚕丝业的实验，因此对于这样一个有意识地进行的经济改革过程中所遇到的各种可能性和困难进行观察，更具有特殊的意义。

一　变迁过程图解

目前所做的分析将把影响情况的各种不同力量考虑进去。

力量可分成两类：促使变化的外界力量和承受变化的传统力量，这两种力量的互相作用导致了情况的变化。因此变迁过程，可以三栏图解①表示如下，图表中所列的项目将在以下各节讨论。

A. 促使变革的外界力量	B. 变化的情况	C. 承受变化的传统
1. 世界经济的衰退，及蚕丝业在世界性范围内向科学方法工厂企业的发展。	1. 生丝价格的下跌。家庭蚕丝业的衰退。中国农村经济贫困有以下三点表现： （A）家庭收入不足，食物短缺。 （B）文娱性活动停止，婚期推迟。 （C）高利贷。	1. 最低生活水平。家庭蚕丝业是中国农村中对农业不可缺少的补充。靠它来支付： （A）日常所需。 （B）礼节性费用。 （C）生产的资本。
2. 江苏省女子蚕业学校是工业变革的积极力量。	2. 居民有变革的准备。当地领导人的支持： （A）在改革中担任领导。通过参加改革扩大个人影响。在改革中产生新的领导人。 （B）改革对领导人的经济利益。	2. 农民缺乏工业改革方面的知识。当地领导人的社会地位和作用： （A）声望的来源不是世袭，不是通过财富而是通过文化接触中的战略地位。 （B）对这种村长职位没有直接经济报酬。

---

① 三栏分析法是布·马林诺夫斯基教授创始，用以研究文化接触。这种方法的理论根据在他的《变化中的非洲文化人类学概论》(*Introductory Essay on the Anthropology of Changing African Cultures*) 一文中已有解释，载国际《非洲语言和文化研究所备忘录》XV (*Memorandum XV of the International Institute of African Languages and Cultures*), 1938 年。

A. 促使变革的外界力量	B. 变化的情况	C. 承受变化的传统
3. 变革力量的意图： （A）应用蚕丝业的科学知识以便： （1）防止蚕种带有病毒细菌。 （2）增加蚕茧产量和改善质量。 （3）生产合格的出口生丝。	3. 改革的计划： （A）蚕业学校师生发起、组织和指导改革计划： （1）依靠专家供应蚕种。 （2）在教学中心的监督下养蚕。 （3）开设有现代机器的工厂。	3. 被改革的传统技术： （A）传统技术的缺点： （1）个体家庭或当地育种者生产的受过感染的蚕种，使传染病毒广泛传播。 （2）习惯的方法不能使蚕的生长过程得到控制，因而大大降低蚕茧的产量和质量。 （3）旧型机器缫丝粗细不一，断率高。
（B）以合作原则组织企业。	（B）在改革计划中： （1）合作方面： （a）稚蚕公育。 （b）合作工厂。 （i）所有权属于社员。 （ii）社员供应原料。 （iii）利润分给社员。 （2）非合作方面： （a）劳动由工资制付酬。 （b）改革者及当地领导人进行管理。 （c）社员未参加实际管理。 （d）社员缺乏创议力；缺乏账目审查。 （3）反对合作方面： （a）工厂不分年利后，社员拒绝续交全部股金。 （b）社员不愿完成供应原料的义务。	（B）家庭副业的个体性质： （1）传统观念认可的新思想：在经典思想中，在集体排水实践和信贷系统中。 （2）对实施大众管理和行使新权缺乏教育。 （3）仅对实际利益有兴趣。

A. 促使变革的外界力量	B. 变化的情况	C. 承受变化的传统
（C）改善村庄的经济情况。	（C）改善村庄的经济情况： （1）成功： （a）养蚕成本降低。蚕茧生产增加。 （b）工资是家庭收入的新来源。 （2）失败： （a）盈利没有达到预期的数量。 （b）由于使用机器，剩余女劳动力在家庭中浪费掉。 （c）延迟支付供给工厂的原料的全部价值。	（C）希望经济恢复： （1） （a）传统技术生产成本高。 （b）劳动没有形成商品。 （2）传统缫丝的残存： （a）家庭企业利益微少。 （b）男女劳动分工，农田面积小，没有其他工作吸收女劳力。 （c）村里保留的部分家庭缫丝业需要原料。
4.政府作为变革力量所持的意图： （A）平衡国际贸易。 （B）有关农村企业的乡村建设政策： （1）鼓励技术改进。 （2）鼓励合作运动。	4.政府支持改革计划： （A）1935年对工厂产品付高价补助生丝出口。 （B）政府参加改革： （1）检查蚕种生产，接办养蚕监督工作。 （2）工厂依赖政府贷款。	4.地方自治及人民怀疑政府： （A）中国生丝出口的重要性。 （B）对政府的经济义务： （1）产品质量低劣，影响出口。 （2）人民没有财力来维持新企业。

二　促进工业变迁的条件

为了对农业在家庭经济中的相对重要性做恰当的估价，我们必须再注意一下在上述章节中已经提到过的一些事实。平均一户拥有土地约 10 亩（第三章第三节）。在正常年景每亩每年可生产 6 蒲式耳的稻米。对拥有平均土地量的农户来说，总生产量是 60.36 蒲式耳。平均一家四口，直接消费米 33 蒲式耳（第七章第五节），所以有 27.36 蒲式耳余粮。新米上市后，每蒲式耳米价约 2.5 元，如把余粮出卖约可得 68.4 元。但一个家目前的开支需要至少 200 元（第七章第八节）。显然，单靠农业，不能维持生活。每年家庭亏空约为 131.6 元。佃农情况更为悲惨，而村民中大多数是佃农（第十一章第四节），佃农按平均土地拥有量，必须向地主交付相当于总生产量的 40%，即 24 蒲式耳米作为地租。剩余 36 蒲式耳仅仅够一户食用。

因此，很明显，为维持正常生活所需，包括日常必需品、礼节性费用、税和地租以及再生产所需的资金（C 栏 1 项）等，辅助企业是必不可少的。缫丝工业兴旺时，生产生丝，可使一般农户收入约 300 元，除去生产费用可盈余 250 元（当地生丝最高价格每两超过一元，一般农户总生产量为 280 两。生产成本约 50 元。工资在外）。在这种情况下，生活水平要比上述预期最低水平高得多（第七章第八节）。这样，农民便有了一些钱可以开展各种文娱和礼节性活动。这种活动已停止了约 10 余年。

当地生丝价格下跌。1935 年 3 两丝约值一元。生产量没有任何降低，但一般的户仅能获利 45 元。在这种情况下，用传统生产技术所获利益便难以平衡家庭预算。下一章我将叙述如何引进新的工业，村民如何尝试扩大商业活动来增加收入。很多人不得不在冬天出售存粮来维持生活，夏天到粮店借粮（第十五章第三节）。遇紧急需要时，他们不得不向高利贷者求援（第十五章第四节）。另一方面，他们试着削减非必需的开支，例如娱乐性聚会、婚事开支等（B栏1项）。

农民收入的减少不是由于他们的产品质量下降或数量减少的缘故。村民生产同样品种、同等数量的生丝，但从市场上不能赚回同等金额的钱。当然，影响生丝价格的因素来自外界，我在此仅举两个最重要的因素，即战后世界经济萧条以及家庭缫丝质量不匀，不适合高度机械化的丝织工业的需要（A栏1项）。

三　变革的力量及其意图

生丝价格低落及贫困加剧两者之间的关系，人们已经清楚。开始为了恢复原有的经济水平，他们试图发现技术上需要什么样的变革。但他们的知识有限，靠他们自己并不能采取任何有效的行动，发起和指导变革过程的力量来自外界。

在这种情况下，发起单位便是苏州附近浒墅关的女子蚕业学校。它对后来的发展起着深远的影响，当然这是来自村外的一种因素。

中国的技术学校，是传播现代工业技术的中心。现代技术主要来自国外，至于缫丝工业则主要来自日本。这是中国和西方文明接触的结果，一种典型的接触情境。技术学校在执行任务过程中的困难是，除非新技术为人民所接受，否则单靠它本身，事业并不能开展。从这方面来说，受过训练的学生找不到职业便反映了这种失败。蚕丝业的情况最尖锐。蚕丝业，特别是养蚕的过程，是村里的一种家庭副业。为了使进步的技术为人们所接受，并为学生找到职业，村庄的工业改革便成为技术学校迫切需要解决的问题。技术学校不能停留在纯教育机构的性质。因此，蚕业学校建立了一个推广部门，负责在农村地区传播新的技术知识。

变革力量的性质如何是重要的，因为它决定变革的计划。它制定应付形势的措施并组织行动。它对形势的理解是行动的前提。但变革力量受其社会环境影响，对形势所作的阐述往往不能代表现实的全貌。[1]再回头来说这个村庄，生丝价格下跌的原因是多方面的。世界经济的资本主义结构，帝国主义国家之间的斗争，被压迫国家的政治地位以及摩登女郎新近获得的赤脚审美观等等，这一切都可能直接或间接成为中国农村生产的生丝价格下跌的原因，但变革力量不会把这些全部都考虑进去。由于当前的变革力量是蚕业学校，对情况的阐述是从技术因素来考虑的。村里负责改革计划的人对我讲了以下情况：

用传统方法养蚕，在最坏的年景里，只有30％的蚕能成活到最后阶段并结茧。蚕的吐丝量少。这种不能令人满意的情况是由于对蚕的病毒传播没有预防措施。蚕蛾通过接触把致病的微生物带给蚕卵。这样，病毒便一代代传下去，无法控制。喂养新蚕前，房屋和器具未经消毒。一旦房屋被病菌污染，蚕便连年闹病。病蚕或死

---

[1] 参阅卡尔·曼海姆《意识形态与乌托邦以及知识社会学概论》(Karl Mannheim, *Ideology and Utopia, and Introduction to the Sociology of Knowledge*), 1936年。

蚕被扔在桑树下。人们以为死蚕可用作桑树的肥料。但实际上它们传播细菌,由桑叶把细菌带到养蚕的房子里。(C栏,3项,A.1)

蚕生长过程中的重要条件,温度和湿度得不到调节。按照习惯,不管气候有何变化,蚕第三次蜕皮后就停止烧火。村里桑树不足,人们必须从邻村购买桑叶。由于运输困难,他们往往把干萎的桑叶喂蚕。喂食的质量和次数都没有规则。即使那些没有感染病毒的蚕也不健康,不能结出好的茧子。(C栏,3项,A.2)

缫丝的基本原则是把蚕茧的丝纤维抽出来,把数条纤维合成一根丝线供纺织用。旧式缫丝机器分成三部分:煮水的炉子、绕丝线的轮子和连着踏脚板的旋转轴。当纤维合成一股丝线后,用脚踏板,使轮子转动,抽缫丝线。用热水可以把蚕茧的黏性物溶解。但水温不稳定,因此溶解的程度不匀。这不仅影响丝的光泽而且影响纤维的折断率。

轮子转动,同时从几个蚕茧抽丝。丝线的粗细取决于合成的纤维数目。从蚕茧的不同层次抽出来的丝,粗细不同。为保持丝线粗细的匀称,必须保持抽取固定数目的纤维,并不断地调整从不同层次里抽出来的纤维。手工缫丝不易达到这一目的,因为首先,纤维折断率高;第二,轮子转动不均匀;第三,工人没有受过专门训练。(C栏,3项,A.3)

生丝是纺织工业的原料。既然农村生产的生丝大部分出口，它就必须与西方国家的纺织工业技术发展相适应。高度机械化了的纺织工业为生丝规定了一个新的标准。粗细程度必须一致，而且有精确的规定。断头现象必须减到最少程度。这样的要求，用传统手工缫丝是不能满足的。结果是，村民生产的生丝不适用于改进了的纺织工业。西方纺织工业对这种生丝需求下降，因而价格下跌。这也就是为什么我们必须把科学方法引进村里的原因。（A栏，3项，A）。

但如果没有社会组织的相应变革，技术变革是不可能的。例如，轮子平稳的转动只有通过中心动力有规则的机械运动才能达到。为了改进技术，引进蒸汽引擎，必然引起一种从家庭个体劳动到工厂集体劳动的变革。电力的使用，又可能使生产过程分散，从而需要工业之间复杂得多的协作。在一个集体企业系统下，生产资料和劳动之间的关系也变得更加复杂。为了生产，引进新的社会组织，变革力量也必须传授新的社会原则。在组织新工业中选择社会原则也与变革力量的利益相关。蚕业学校对本身盈利不感兴趣，因为它不是一个企业机构。那么工业改革使谁得益呢？变革者的回答是人民。新工业组织的原则是"合作"（A栏，4项，B.2）。变革者对变革的正确解说如下：

机器用来增添人类的幸福。不幸的是，它被用来为相反的目的服务。但我仍然相信，试图把这些工具引进中国的改革者的责任，是寻找一种正当的办法使用机器。对我来说，最重要的是，人不应该成为机器的奴隶。换句话说，把机器当作一种生产资料的人应该拥有机器。这就是为什么我坚持合作的原则。要按照资本主义的方式来组织新的工厂容易得多，但我为什么要这样做呢？我应该为资本家的利益工作而使人民更加痛苦吗？从技术改革所得到的利益应该归于参加生产的人们。

我的另一个信念是，蚕丝工业曾经是而且应该继续是一种乡村工业。我的理由是，如果我们把工业从农村引向别的地方，像很多工业家所做的那样，也是非常容易做到的，农民实际上就会挨饿。另一方面，我也很了解，工人们在城市里是如何生活的。农村姑娘被吸引到城市工厂去工作，挣微薄的工资，几乎不能养活自己，她们离开了自己的家。这种过程既损害了城市工人又破坏了农村的家庭。如果中国工业只能以牺牲穷苦农民为代价而发展的话，我个人认为这个代价未免太大了。

我工作的目的是，通过引进科学的生产技术和组织以合作为原则的新工业，来复兴乡村经济。

变革者趋向社会主义的思想代表了当前中国知识阶级的部分思想状况。这是同西方的现代技术和资本主义工业系统一起引进的新看法。中国人民在世界经济中的地位以及同西方列强的不断斗争，为传播社会主义思想创造了有利条件。正如中国人民所了解的，公众普遍反对资本主义，甚至于那些代表资本主义的人也不敢公开为资本主义的原则辩护。这种态度在已故孙中山先生的

"三民主义"里阐述得很清楚，从理论上说，它被现今政府所接受并作为国家政策的指导原则。

另一方面，社会主义思想在中国并非新的东西。孙中山先生的基本政治思想是实现传统的教导，诸如"天下为公"和"耕者有其田"。（C栏，3项，B.1）

四　当地对变革的支持

我们已经看到，蚕业学校由于在村外，因此仅仅是一种潜在的力量。为把潜在力量转变成现实力量，还需要另一个因素，学校和村民之间没有直接的社会关系。占有新知识的群体没有直接使用知识，而需要这种知识的群体又没有机会获得知识，要使变革力量在村中起作用，中间必须有一座桥梁，这是重要的。当地领导人是充当这个桥梁的角色。

根据合作工厂已公布的报告，主动在于当地领导人一边。可以引陈写的一席话来说明。

江苏以产丝著称，但这一工业更多地依赖自然因素而不是人的力量，结果是农民在丝业中失败了。这经常损害人民。鉴于这种情况，我（陈）和沈先生（震泽镇的一个领导人）在1923年的夏季例会中向镇改进社建议，应设立一个教学中心以便改革养蚕方法。建议获得批准后，拨款600元来筹办此事。

恰巧蚕业学校的校长，也因生丝价格下跌正想为改革缫丝工业传统技术开办一个附设的推广部门。当年冬天，他由费女士和胡女士陪同来到开弦弓，并讲了一些课。人们都非常感兴趣。然后，镇改进社的主席根据决议，授权校长组织拟议的教学中心。校长同意与镇改进社合作，资助这一计划并决定就地在开弦弓开始工作。

除了我自己的家庭以外，我还把过去由于丝业的不断失败而受苦的 20 家召集在一起。改革工作于 1924 年春开始了。[①]

我已提过，村长的职务不是世袭的。除了他的服务对社区有用以外，他的权威没有其他的凭借（第六章第四节）。他的一项最重要的职能是了解当地的需要，采取必要的措施来实行领导。村长的职务没有经济报酬，但通过为村里做一些特殊的工作，他可以得到经济上的收益。这就是陈支持蚕业改革计划的意愿。（B栏，2 项，A 及 B）

当地领导人的地位，通过丝业改革加强了，这从周的情况来看更为明显。在丝业改革以前周没有什么社会影响。由于他识字，有能力，他成为这项工作的助手并提高了声望。最后，他被高一级的行政管理机构任命为乡长（第六章第四节）。他的社会地位是通过参加这项改革计划而获得的。

在解释村长在社会变革中为什么不是一股反对改革的力量

---

① 《过去三年的合作工厂》，1931 年。

时，上述分析有重要参考价值。在最初阶段没有人积极反对改革。蚕业学校做了情况会得到改善的允诺，在人民一方面则抱着希望。

蚕丝价格的急剧下跌迫使人民接受对传统丝业的某些改革。但他们缺乏阐明情况的知识和缺乏制定变革计划的知识（C栏，2项）。他们对已经提出的计划所要达到的要求也缺乏判断能力。新的技术虽然已被证明有用时，人们一方面准备接受改革，一方面还在怀疑新鲜事物。这就是为什么一开始参加这项计划的仅有21户，正如该报告具体说明的那样，这些户用传统技术操作时遭受了惨痛的失败。但总起来说，只用了两年工夫便把整个村子纳入蚕业教学中心的指导。

五　养蚕的改革计划

如同我已经解释过的，改革者的主要目的是从技术上改进农村企业，但是对文化的某一方面进行变革，自然会引起其他诸方面的变化。这样的过程一旦开始，便会继续下去，直到整个系统完全重新改组为止。在研究社会制度之间的功能关系时，研究变迁的顺序是特别有意义的。

改革计划是沿着蚕丝业的自然过程向前推进的。这是从蚕蛾产卵生产蚕种开始，接着是孵化、养蚕、收集蚕茧，从农村来说，到缫丝作为结束。关于市场销售问题，将在以后章节中讨论。

生产蚕种的科学知识可分成两个部分，即通过实验杂交，培育良种，以及通过显微镜检查，分离受感染的蚕种。过去，人们是通过他们自己喂养的蚕的纯系繁育生产蚕种的。这也会使病菌传给第二代。为了改革蚕种生产系统，把遗传学的原理和使用显微镜的方法教给每一个农民是不实际的，聘请一个专家为农民生产蚕种要便宜得多。因此，蚕业学校首先接过了此项工作，供应村民蚕种。有趣的是我们发现在这一点上，改革者的行动与他们的目的不那么一致。他们决定把工业留在农村里，却把蚕种的生产从农村转移到专家手里。但蚕种的生产从经济上来说是不重要的，因为蚕种的价格仅为生丝生产总费用的 3%。

当蚕丝改革工作逐步普及到整个长江下游地区时，对于灭菌蚕种的需求量迅速增加。蚕业学校已不能满足需要，很多私人便来生产蚕种，乘此机会牟取利益。蚕种的质量不能保持，对改革计划的坏影响明显起来，这引起了政府的干预。省政府成立了蚕种检查局，对私人生产的蚕种有权检查，并进行价格控制。（B栏，4 项，B.1）

人们只在孵化前不久收到蚕种。蚕种在生产者手里是得到特殊照料的。从孵化到收茧子，这整个工作过程都包括在"养蚕"这个词中。这个过程是在一个特殊组织之下在村里开展起来的。改革开始阶段，学校派出指导人员教村民如何利用科学知识，特别是防止蚕病、控制温度和湿度。为了便于管理和指导，各家的幼蚕，按照合作的原则，集中到公共房屋里，称作"稚蚕公育"。费用和劳动根据蚕主放在公用蚕室内的蚕种按比例分摊。目前村里共有 8 间公用蚕室，基本上包括了村里养的全部幼蚕。为了这一目的，专门造了这所有 8 间房屋的建筑物。从 1923 年至 1925

年对每张蚕种增收 2 角作为建筑费。（B 栏，3 项，B.1.a）

集体养蚕的方法只有在幼蚕时期有效。6 个星期之内，它们从极为细小的"蚕蚁"长到两英寸半长的蚕身。第三次蜕皮以后，目前公用的房间便不足以容纳这些蚕了。如果没有更大的房屋，集体喂养的方法便只得中断。建造能容纳全部的蚕的一所房屋从经济上来说并不值得，因为需要大地方喂养的这一段时间较短，用私人的房子方便得多。最后两个星期，家里的全部房间，除去厨房和一半卧室以外，都用来养蚕。仅这一事实就意味着除非村里的物质基础有根本的改变，否则养蚕基本上只能依旧是家庭副业。

第三次蜕皮以后，蚕被搬到各户。每户分别喂养自己的蚕。在搬蚕以前，个人养蚕的房子要经过消毒，学校的指导员要告诉他们注意事项。在这一阶段经常要去检查。有病的蚕立即消灭以防传染。根据蚕的需要控制室内温度和湿度（B 栏，3 项，A.2）。采取这些措施的结果，因病而损失的蚕，其数量控制在 20% 以下，蚕茧的总生产量同用传统方法喂养时相比至少增加 40%。

当学校指导工作在村里被公认取得成功时，省政府便把它的工作向整个产丝区推广。在以后章节中我们再进一步描述这一情况。

在讨论缫丝程序以前，可尝试估计一下这一部分的生产及其成本。一家养蚕的总数取决于房屋大小和劳力多少。蚕是养在约 1.5 米 ×1 米大小的长方形匾里。匾放在支架的搁杆上。每一个支架可放 8 个匾。每间房间可放 5 个支架。一张蚕种（标准大小）孵出来的蚕，到最后阶段需占一个支架的地方。一个人可管理 2 或 3 架。每架可收蚕茧 34 磅[①]，可缲生丝 48 两（或 3.4 磅）。在改革条件下，一户一般可生产蚕茧约 200 磅，每 100 磅可卖 60 至 70 元（根据上述报告）。

每养一架蚕约需 400 磅桑叶。在养蚕期间，桑叶价格升降幅度很大。每 100 磅的最高价格有时超过 3.5 元，最低价格不到 1.5 元。养蚕所需总的开支约 30 至 40 元。除其他费用以外，蚕茧生产费用不包括劳动，每户约需 50 元。如果出售蚕茧，一般的户可收入 70 至 90 元。

改革计划还包括引进秋种。这个地区一年可育三次蚕。但因气候关系，夏季和秋季养蚕需要更多的设备和注意的地方。目前，养两季蚕的仍然非常有限。

六　合作工厂

现在我们就要说到缲丝过程，这就是把蚕茧缲成生丝的最后阶段。对这一过程的改革主要目的是生产质量较好的生丝。根据丝的粗细划一、断头减少来评定生丝的质量。据蚕业学校的专家说，传统方法的缺点在于：（1）用于溶解蚕茧上胶质的水温不恒定；（2）一股丝线中所含纤维数不固定；（3）从蚕茧不同的层次抽出来的丝粗细不同，未予重视；（4）缲丝机轮子的运动不规则。为了改进生丝质量，改革者试了数种方法。他们的下述谈话将说

[①]　磅：英美制计量单位，1 磅约等于 0.45 千克。——编者注

明这个情况。

　　一开始，我们并没有想要引进工厂。我们想的是继续在家里进行这种劳动。我们只不过采用一种改良的木制机器来代替旧式机器。用脚踏转动轮子，每个人可分别在自己家中工作。用化学品来溶解胶质，但溶液温度无法达到严格的控制。蚕业学校在镇里组织了训练班，为时3个月，教授调整蚕茧各层的丝以及保持固定数量纤维的技术。1924年的时候，村里只有10台这样的机器。到了1927年，机器总数增加到100多台。在训练班里有70多名年轻妇女。但由于轮子的运动不规则，产品质量仍然达不到出口标准的要求。另一方面，市场萧条更加严重。1928年，这种"改良丝"的价格跌到每100两60元。虽然它比土产丝好些，但我们不满意这种情况。我们从实验中了解到，除非能有一个用蒸汽引擎的中心动力，质量就不易达到出口水平。但引进蒸汽引擎必须同时有集体工厂系统。换句话说，如果我们要提高产品质量，就不能保持家庭手工业的生产方式。所以我们决定试验设计一个要能实现应用现代生产技术的一切有利条件的工厂。这个工厂同时又不宜太大，要能办在农村里，用当地的劳力和由当地供应的原料。这个试验具有比较广泛的意义。如果我们能用较便宜的劳动力生产与大工厂同等质量的生丝，我们就能扩大这种缫丝工厂而不必惧怕城里工厂的竞争。通过开办这种小规模的工厂，乡村工业能打下一个坚实的基础，乡村经济从而可以复兴。1929 年我们开始试验。我们的试验直到 1935 年重新装备了新机器之后才证明是成功的。这种机器是由日本最新型机器修改而成。我们用它生产出中国最好的生丝。1935 年，这个工厂的产品被出口局列为最佳产品。

从上述情况可以明显地看到，合作工厂代替家庭手工业是由技术考虑决定的。蒸汽引擎使轮子转动可以控制，并且平稳，从而使抽丝均匀，速度加快，因而不可避免地产生了一种集中的系统。至于引进电力是否会再改变集中的系统，则是将来试验的问题了。（B 栏，3 项，A.3）

一个从事生产的工厂需要有适合安装机器的房子。建造工厂又需要技术知识和经费。技术知识由蚕业学校提供，但经费从哪儿来呢？这个问题就关系到所有制和分配问题。根据改革者的意图，在工厂开办以前，制定这些规章所依据的基本原则都已经确定了。原则是，工厂应属于农民。但农民如何拥有它？谁是农民？

所有权属于这个合作社的社员。他们对工厂的责任限于他们所贡献的股份。入社以自愿为原则，并不限于本村的人。凡愿遵守社员义务者便可被吸收为社员。社员的义务是在工厂里有一份股金，每年供给工厂一定数量的蚕茧做原料。这一合作社共有 429 名社员，基本上包括了村里所有的住户及邻村的 50 多户。

根据规章，工厂的最高权力机构是社员全体大会。大会选出一个执行委员会，理论上它对大会负责。实际上恰恰相反，人们按照当地领导人和执行委员会的意见工作，当地领导人遵照改革者和蚕业学校的意见行事。由于整个工作是在改革者的指导下进行，人们对开办工厂也没有足够的知识。社员没有什么可以说的。由于农民缺乏受教育的机会，文盲率高，这使改革者在实施训练计划中发生很大困难，这些需要受训练的农民才是工厂的真正的主人（C栏，3项，B.2）。社员对投票制度完全不熟悉，他们也未想过行使投票的权利来管理工厂。他们只关心以利润形式分给他们的实际利益，对工厂的其他工作很不了解（C栏，3项，B.3）。他们不知道根据什么他们可以要求利润，正如他们不知道根据什么他们应该给地主交租。对他们来说，所有权只意味着他们可以分得一份利润。当我们讨论工厂的财务问题时，这个问题将表现得更加清楚。

当然，村里没有多余的资金来资助工厂（本章第二节）。开办工厂所需的经费总共为49848元。每个社员约需分担114元，第一年，社员入股金额实际上仅2848元，约为总额的5.7%。

名义上，"资本"，或工厂所有者的贡献，或工厂主的有限责任固定在10000元。这一数目被分成1000股，每股10元。社员每人至少购买一股。第一年，认购了700股，可在5年期间交款。目前，只收到一半的股金（B栏，3项，B.3.a）。显然，工厂的资金还需靠其他来源。

蒸汽机和机器（旧式）是从蚕业学校借来的，估计价值4000元。有协议规定，5年以后工厂从利润中抽出钱来还给学校。但由于经济困难，工厂尚未履行这一诺言。为建造厂房和其他开支，工厂向省农民银行借了15000元的一笔长期贷款。由于商业上的原因，农民银行尚未同意支付。显然，负债是受"资本"10000元的限制的，由于工厂在农村，一旦工厂破产，厂房和其他不动产无法拍卖。但政府的政策是要为乡村工业提供资金，这才有可能向银行借贷（B栏，4项，B.2）。另外，工厂向最近的镇，震泽的一个地方银行借了一笔3000元的短期贷款（用土地和厂房作抵押）。从上述情况可以看到，工厂资金的基础实际上主要是政府的信贷，并不是靠人民的投资。

原料由社员供应。每年收集新鲜蚕茧。社员交蚕茧时，工厂交付蚕茧价值的70%。这笔钱，是每年从省银行借来的，蚕茧作为抵押。

由于30%是延期付款，社员多交蚕茧也得不到多少好处，因此他们只交最低限额的蚕茧，尤其是1930年以后。1930年是把利润分给社员的最后一年。以下是工厂提供的统计数字。

年	社员供应	从外面购买	缫丝	为其他单位缫丝	工作日
1929	527.07	/	41.31	/	175
1930	591.55	/	43.18	/	204
1931	415.93	/	32.21	/	145
1932	202.92	92.10	22.21	25.63	107
1933	307.87	45.37	40.46	5.00	186
1934	255.35	330.00	57.84	/	187
1935	375.80	301.08	64.21	/	199
1936	424.80	/	/	/	/
（不完全）			（以担为单位）		

上表说明从1930年到1935年社员供应蚕茧的数量逐渐下降

（B栏，3项，B.3.b）。1932年总供应量还不足以供工厂开工100余天之用。机器闲着不转是不经济的。因此，还需从市场购买一些蚕茧。1934年从市场购买的蚕茧量比社员供应的多。在另一方面，工厂还接受其他工厂供给的原料代为缫丝的订货。这种方法被称为"代缫"，即为其他人缫丝。1932年为别厂缫丝超过25担，实际上相当于从村里供应原料的缫丝量。1935年工厂重新装备以后，丝的总产量超过前几年平均量的三分之一。但社员的蚕茧供应没有跟上来，虽然1935年稍有增加。在原料供应方面，工厂是半依赖于外界的。

劳力来自社员。由于引进工厂，生产中所需的劳力比在家庭手工业中所需的劳力少得多。这个工厂的缫丝部分30个工人已足够。她们都是年轻妇女，年龄从16至30岁不等。选茧和清洗蚕茧需要非技术工人10名。丝抽出来以后必须重新整理并按出口标准包扎，这一部分工作需要6至8名技术工人。工人总数约50人。此外，尚有两名经理、一名技师、一名司库、一名机器维修保养工、两名杂工。

在缫丝和整理丝时需要特殊训练。因此，工种不同，待遇也不同。缫丝和整理工按日工资计算，每天4角至6角。挑选和清洗蚕茧工按计件工资计算，一天可得约2角至3角（B栏，3项，B.2.a）。

技师由蚕业学校推荐，司库由当地银行推荐。总的管理业务由当地领导人陈和周负责。但最高职权在蚕业学校推广部。职员均是固定工资。1929年总工资为7557元，占当时总开支的57%。每一个普通工人一年工作150天约可得70元。

从以上分析，我们能看到工厂：（1）属于社员所有；（2）主要由农民银行给予资金；（3）由蚕业学校通过当地领导人管理；（4）部分社员参加劳动，担任工作。所谓合作原则其意义主要在于分配上。

1929 年即第一年，工厂的利润为 10807.934 元。按下列原则进行分配：

> 为鼓励社员并扩大组织，我们决定提高红利，约为总利润的 70%。我们要求社员借一半红利给工厂以便工厂还债。利润的 15% 将作为我们的储备基金。其余金额将被分成：（1）改良储备金；（2）明年开支津贴；（3）职员奖金。比例为 4∶3∶3。[①]

那一年，社员所分到的红利确实相当于他们所购股份的两倍。但自从那年以后，丝价跌落到如此程度，以致毫无利润可得。1931年以来一直没有公布资产负债表。我只能提供头三年的数字。

年	纯利润	纯损失
1929	10807.934 元	
1930	/	3010.330 元
1931	/	4183.655 元

1931 年起，工厂想开始还债。如 1929 年资产负债表上所示，

---

① 《过去三年的合作工厂》，1931 年。

负债达 135663.763 元，但 1931 年减为 77271.544 元。大笔借款的利息，也是亏损的一个原因。1929 年利息为 5060 元，1930 年为 5500 元，1931 年为 4121 元。1935 年工厂重新装备现代机器。预期在 1936 年可有一些盈利。他们想要修改分配原则。改革者和当地领导人都认为一开始分配这样高的股息是错误的。一般社员把这看成是理所当然。但当工厂不能分配利润时，他们便抱怨和失望。他们认识到以后每年如能分到少一些但固定的红利，比在一个时期分到一大笔红利要好。

七　政府的支持

上面我已说明政府是如何进入改革事业的。一开始，镇地方政府，即镇公所与蚕业学校合作草拟改革计划。但 1923 年那时候，省政府在一个军阀手里，他对那种措施没有任何兴趣。南京国民党政府在 1927 年成立以后，农村建设才逐渐成为政府的主要政策，对乡村丝业和合作运动给予特殊关切。所以，这个村子的合作工厂才能得到政府提供的资金。此外，村里的试验是中国农村工业中大的改革方案的先驱。回顾一下政府是如何接受这个趋势并把这种改革计划传到中国产丝的其他许多区域，是颇有意思的。

下面摘引的几段文章是选自《中国年鉴》中有关这个问题的、有代表性的官方计划。

（1）蚕丝业改革

中国农村工业中最重要的一项是蚕丝业。但近年来甚难与日本竞争，主要是因为在该国培育了最好的蚕。

在所有省份中，凡蚕丝生产有所发展者，均属地方当局与国民政府合作，或为改善蚕丝工作中的状况而采取了特殊措施。江苏、浙江两省之所为，可作为全国各地为振兴蚕丝业而采取的措施的典型。过去，蚕都由农民饲养，他们的保守态度以及缺少资金的条件，阻碍了引进改良办法来改进工业的可能性。……江苏、浙江的官员，组织了一个蚕丝业委员会，作为改良工作的第一步。一开始，委员会为避免与茧商竞争，提出了收购鲜茧的官价。在秋季，委员会倾注全力于改进蚕种，用改良的品种来代替当地的蚕种。浙江农民用的蚕种由政府的蚕丝实验站颁发，私人培育的蚕种禁止使用。1934年江苏实行了同样的控制，措施是试验性的，不像浙江那样彻底。……除改良品种外，委员会还对新鲜蚕茧规定一个官价以及对每一地区的收购代理处限定了数目。

江苏、浙江、山东、四川、广东等省改进蚕丝工业的三年计划也由国家经济委员会的蚕丝改良委员会制定。为实现1935年的第一年计划，所需经费为1500000元。

1934年7月至1935年6月的财政年度，国家经济委员会为蚕丝改良委员会拨款 400000 元。[①]

（2）合作运动

自从 1919 年中国开始了合作运动以来进展很慢；但随着北伐国家统一，合作运动在国民党计划中开始有了重要的地位，它旨在同外国平等的基础上发展中国。从那时起，合作运动迅速发展。国民党早在 1919 年便对合作运动有了兴趣。孙中山先生在地方政府的演说中曾建议，在工人农民中促进合作企业。……国民党第二次全国代表大会决定组织农民银行，在中国农民中间推广合作企业。1936 年 8 月国民党中央执行局全体会议决议中指出政府应在农民中推进合作社的组织。……

南京国民党政府成立以后，很多省开始认真推动合作运动。1928 年 2 月国民党中央执行理事会第四次全体会议上，蒋介石将军和陈果夫联合提议组织专门的合作委员会。当年 10 月，国民党中央执行局向所有分支发布命令，要求它们把合作事业作为其政治活动的一个组成部分。

此外，江苏省政府颁发了一系列有关合作社的暂行规章制度，并于 1928 年 7 月 16 日组织了江苏农民银行

---

① 《中国的重建》(*Reconstruction in China*)，汤良礼编，载《中国年鉴》(*The Chinese Year Book*)，1935—1936 年，第 859 页。

以便发展农村经济并为农民提供方便的低息贷款。[1]

八　改革中的困难

人民愿意接受改革，主要在于实际利益，例如增加了家庭收入。现在我们可以看一看改革计划在多大程度上满足这种期望。

蚕种的消毒、稚蚕公育、教员的定期指导使成本有所降低，蚕茧增产。这一部分改革使得农民的收入大约比以前增加了一倍（B栏，3项，C.1.a）。缫丝改革的成果并不理想。1929年每股分得红利约10元。但自从那年起，他们再也没有从工厂拿到什么。相反，他们还有义务供应原料而且是延期付款30%。至目前为止，由于有了工厂而收入真正有所增加的是工厂的工人和职员，以工资的形式增加了收入。他们是这一社区的少数。（B栏，3项，C.1.b）

工厂未能分给社员年利是由于两个基本因素。首先，改革者未能控制价格水平。他们成功地生产了高质量的丝，但质量和价格之间比率不相称。确实，好丝应该能卖好价，但丝的总的价格在不同时期波动较大。只要改革者不能控制市场，单是改进产品质量未必能获取高的报酬，因此，村民的收入未见提高。

造成目前这种状况的更直接的因素是资金问题。在1930年至1936年间工厂并不是没有盈利，因为贷款的数目每年有所降低。换句话说，工厂节约下自己生产的盈利，买回了借来的生产

---

[1] 《合作运动》（*The Co-operative Movement*），王志莘，载《中国年鉴》（*The Chinese Year Book*），1935—1936年，第881—882页。

资料。人们不算这笔账。他们只知道家庭的具体收入。一旦他们的愿望没有实现，他们的希望破灭，其直接反应就是不再继续向工厂交纳股金，至目前为止，只交纳了认购股金的半数。

当然，根据规章，社员自己有权查账，并可要求经理解释。但人们只停留于怀疑和偶尔的议论上，而不采取一定步骤进行调查。他们大多数是文盲。他们不明白写在资产负债表上的数字。规章赋予他们的角色，对他们来说是新的。改革者只教授女孩子如何缫丝，而没有教社员如何当工厂的主人。他们对自己的责任没有认识。只要教育工作跟不上工业改革的步伐，合作工厂可以只是为人民而开设，部分属于人民，但绝不可能真正由人民管理。

现代机械被引进农村经济，正如我们已经看到在农业中引进了水泵，使有缫丝机的家家户户发生了一个新的劳动工具利用的问题。换句话说，这个村庄过去至少有350名妇女从事缫丝工作。现在开办了工厂，同等量的工作，不到70个人就能轻易地担负起来。生产所需的劳动量减少了。例如，现代的缫丝机，每个工人同时能照看20个锭子，而旧缫丝机一个人只能掌握四五个。从技术观点来看，这是一个很大的改进。但这一改进对农村经济意味着什么呢？将近300名妇女失去了她们的劳动机会（B栏，3项，C.2.b）。失业的问题引起了比较广泛的反响——根据男女性别不同的传统分工仍然不变，但农田面积如此之小，要把妇女劳力引向田地是不可能的。然而也没有引进新的工业来吸收多余的妇女劳力（C栏，3项，C.2.b）。

改革者曾经想用分红办法来解决问题。但如我们在上面表明的，并未获得成功，结果是：（1）为那些由于多种原因不能到城镇去的人保存了或在某种程度上恢复了传统的家庭工业，通过原料的竞争成为改革计划的一种阻力；（2）妇女向城镇移动，这是与改革者原来的意图相矛盾的；（3）农村中产生了一种特殊的挣工资的阶层。

对残存的传统家庭工业，可以作量的估计，这个村庄蚕茧的总生产量约为 72000 磅。假定这一生产量是稳定的，直接卖给城镇的茧子为数极少，那么对工厂的供应减少表明了家庭的储存增加。1929 年，留给家庭的蚕茧约为总生产量的六分之一，但 1932 年增加到三分之二。1936 年我离开村庄以前，留给家庭的约为三分之一。卖生丝能比卖蚕茧多得多少很难说，因为蚕茧和生丝价格都有波动，农民不知如何预测。如果我们按生丝最低价格看，一元钱 3 两，生产者仅能比原料的价值多拿少许，如果后者的价格约为每担 50 元。但蚕茧市场开放时生丝的价格还是未知数。农民保留原料以便从事家庭缫丝的原因，并不在于实际考虑丝和茧的价格，而是因为他们相信缫丝能比卖原料多挣钱。

在蚕丝工业中工厂取代家庭工业是一个普遍过程，并不限于这个村庄。近 20 年来附近城市机缫丝业的发展极快[1]，城市工业吸引农村劳力，无疑这种人口流动对农村社区的传统社会结构是一种破坏性的力量。改革者的原意之一就是要阻止这一过程。但村庄里的小型工厂为当地原料供应所限，未能充分利用村里现有的劳力。相反，它也不能阻止农村人口的外流，我已经在上面表明，1935 年有 32 名 16 至 25 岁的女青年住在村外（第六章第一节），

---

[1] 《上海的蚕丝工业》（*The Silk Industry in Shanghai*），刘大钧，1933 年。

她们在无锡丝厂工作。我在村里的时候，震泽又开了一家蚕丝工厂。村中更多的女青年被吸收到工厂里。本村 16 至 25 岁的女青年共有 106 名，80% 以上现在村外的工厂或在合作工厂工作。她们就是新的挣工资的人。

挣工资的阶层并不是村里传统的结构。农业雇工非常少。劳动在非常有限的意义上进入商品领域。只有在家庭手工业衰落的情况下，妇女劳动力才在村里形成了一个市场。我们将在下一节再讨论这个问题。

九 对亲属关系的影响

现在挣工资被看作是一种特殊的优惠，因为它对家庭预算有直接的贡献。那些没有成年妇女的人家开始懊悔了。妇女在社会中的地位逐渐起了变化。例如，一个在村中工厂工作的女工因为下雨时丈夫忘记给她送伞，竟会公开责骂她的丈夫。这是很有意思的，因为这件小事指出了夫妻之间关系的变化。根据传统的观念，丈夫是不侍候妻子的，至少在大庭广众之下，他不能这样做，另外，丈夫不能毫无抗议或反击，便接受妻子的责备。

一个女孩的传统经济地位是依附于她的父亲或丈夫的。她没有机会拥有大宗的钱财（第四章第二节）。家的财权在一家之长的手里。这与传统的集体生产相互关联。在地里工作的男人靠他们的女人送饭，饲养蚕所需的桑叶由男人从远处运来。个人不容易意识到在一家的集体生产中的贡献。但挣工资基本上是个人的事。挣钱的人能感觉到她的工资收入是她自己劳动的结果。这是收入者本人和家长，都会感觉到的。此外，工资由工厂直接付给她本人。至少在这个时候，她可以将她的一部分工资按她自己的愿望去花费。因此，家中的经济关系就逐步地得到改变。比如，女孩子在合理范围内，为了正当的目的，如买一些衣服，那是可以允许而不受干涉的。但不允许她把所有的工资都花掉，工资的大部分要交给家长，归入一家的共同预算。为了在这个新的形势下，保持集体和集中的经济体系，家长甚至不惜牺牲他的权威，也必须被迫地对家中的成员作出考虑。女孩子挣的钱交给谁，不是一个复杂的问题。女孩子未婚时，如果她有母亲，而家长是她的祖父，她的母亲会将她的钱收下一部分以供她将来结婚时所用。如果经济状况不允许存钱，全部金额归入家的总的预算之中。一个已婚的妇女则将她收入的一部分留作她自己的积蓄。这种情况说明了单个家庭不断从家的复合群体中分化出来。

挣钱的人从一家的成员中分离出来，对亲属关系也产生了实质的变化。儿媳从婆母处分离出来可以减少日常的争吵。但妻子从丈夫处分离出来会使婚姻的关系松散。可以举出一个极端的例子来说明。有一个妇女，在结婚一年后离开了她的丈夫。她在无锡的一家工厂里工作，并和这个厂里的一个工人发生了恋爱。他们这种不合法的结合被发现之后，他们被厂方开除。他们同居了两个月，由于经济所迫不得不分离。这妇女回到村中，受到很大的羞辱。她的公婆拒绝再要她，但后来又收留了她，因为她的公婆准备将她另嫁他人，以便可以收到一笔钱作为补偿。最后，考虑到她在本村丝厂里能工作的本领，她的公婆取消了原来的打算，待她一如既往。她的丈夫对这件事则完全采取被动的态度。

孩子从母亲处分开，就会使家中的亲密关系发生新的安排。母亲喂奶的时间缩短了。当祖母的接过母亲的责任，继续照看、抚养孩子。这也使婆媳之间产生了新的关系。那些在本村工厂里工作而不能带孩子的女人，也有类似的状况。

以上事实说明了亲属关系以新的形式进行着重新组合，并将随着工业的变迁得到调整。我现有的材料只能为进一步的调查提出一些问题。

第十三章　养羊与贩卖

进行蚕丝业的改革仅仅是为增加居民的收入、抵制丝价下跌所做的各种努力之一。但根据我现有的资料，不可能对目前采取的其他措施进行详尽的分析。

新兴事业中最重要的一项是养羊。大约10年前就有人开始养羊，但到最近才变得重要起来。养羊业的发展并不是由于某个人的倡议。村里的人从邻居那里听说，镇里新开了一家店铺，收购羊胎和新生的羊羔。市场的需要使这个村子里兴起了这项新事业。但甚至到现在，人们还不甚了解羊胎究竟有何用处，他们经常向我提出这个问题。有些人想要杀掉母羊好取羊胎，羊胎皮是值钱的。这个主意与传统的伦理观念很不相符，尽管人们自己还要溺杀婴儿。

养羊所遇到的主要困难是饲养问题。土地的90%是农田（第十章第二节）。除几块属于城里人的坟地外，几乎没有适于放羊的场地。农田是敞开的，没有篱笆，牲畜乱走，可能损害庄稼，在这种情况下无法在田野中放羊。所以，就盖起了专用的羊圈，把羊关在里面。正如我上面提到的，羊圈已变成了住家普遍都有的附属建筑了。

为了喂羊，就必须割草，冬天用干桑叶喂羊。就这一点而言，家庭劳务中就产生了一种新的劳动分工。割草的事由孩子们担任。如果你在村里走一走，就可以看见到处有三五成群割草的孩子，有些还不到 10 岁，他们有的在桑树下，有的沿着河边，还有些在坟地里。这样，孩子们的劳动与家庭经济结合了起来。对于小学校来说，这就产生了一个新问题，文化教育的价值在人们眼里，还不如孩子们割草直接为家庭收入做出的贡献大。缺课人数与村里养羊的头数相关。陈曾遗憾地表示，学校的课程过于死板，难以与目前的经济状况相适应（第三章第五节）。这使人们注意到关于经济与教育的关系的令人感兴趣的问题，但目前我不能讨论这个问题。

把羊关在羊圈里饲养的另一个好处是便于收集羊粪。羊粪是一种有价值的肥料。村里有 300 多个小羊栏。每个羊圈养 1 至 5 只羊。粗略估计，村里养羊的总数约为 500 只。

为了开展养羊业，需要一定数额的资金，至少要有足够购买母羊的钱。公羊可以从亲戚那里借来或者租来为繁殖之用。对于这项服务所付的报酬没有固定的数目，多数是采取送礼的形式。如果一个农民自己筹不起款来买母羊，他可以养别人的羊。这样就产生了一种特有的方式，村民称之为"分羊"，从字面上讲就是"把羊分开"。养羊的人的责任是饲养，到时便能分得半数小羊羔和羊栏里的一半粪肥。周的父亲是最大的羊主，他有 40 只羊，其中只有 4 只养在他自己的羊圈里。

当羊胎即将长成前不久，就可以把母羊卖掉。每只羊胎的价格为 3 至 5 元。羊主也可以把刚生下的羊羔卖掉，把母羊留下。这时，羊羔的价格略低，但一只母羊一年能生一两次羊羔，而把羊羔饲养成熟却需要一年多的时间。所以人们喜欢卖羊羔，而不卖羊胎。反对屠杀孕期动物的传统也使得人们更加愿意这样做。一只母羊平均每年生产 2 至 4 只羊羔，能为羊主增加 20 至 30 元的收入。

农民收入的另一个来源是贩卖。在较长的农闲季节里，人们从事这种买卖（第九章第三节）。货物并非自己生产，而是用自己的船从邻省浙江运至沿岸的一些城镇贩卖。这是一种地区之间的流通。但从村民的观点看来，实际是像贩卖或搬运工一样出卖自己的劳务。

为我提供情况的当地人说，每条贩运船一年可赚 40 元。当然，收入取决于贩运货物的种类及其价格的波动情况。我没有机会跟着他们一起去，因为他们这行的活动时间是 8 月底至 10 月中，然后又从 12 月中至 1 月底，那时我已经离开这个村庄。这些商业活动都是按阳历时间安排的。我不能在此做很深入的分析，只是想说明，这是农民收入的一个重要来源，根据提供情况的人说，从事该项行业的船只数目，近几年来有所增加。

第十四章　贸易

一　交换方式

交换是个人之间或一些人之间，他们的物品或劳务在某种等价的基础上，相互转换的过程。哪里有专业化的生产，哪里便需要交换。生产专业化甚至发生在家庭的不同成员间，但在家庭中，交换方式同在市场中所见到的不同。因为首先，在集体经济中，分配和交换的过程不易区别。在田里劳动的丈夫靠妻子为他煮饭。从妻子对生产过程的贡献来说，她对农产品的权利，应该列在产品分配的项目下。但如果她消耗的要比她分配所得的那一份多，实际上便产生了交换。其次，当财产为一个群体的成员共同所有时，交换的要素是模糊不清的。有了劳动分工，成员通过不同的职业向共同生活的来源做出自己的贡献，同时从这一来源获取各自生活所需的资料。各成员之间究竟做了些什么交换因而是不明显的。

这并不意味着权利和义务的相互关系的概念、贡献和享受对等的概念不存在于亲近的社会群体中。相反，它们是家庭生活中发生争吵和不满的最常见的原因，并且往往发生一种妒忌性的坚持不下的局面。对这种家庭群体的经济关系做出定量分析，需要精确的实地调查技术，但并不是不可能的。

比较不明显的、不直接的交换形式，通过群体固有的制度的约束，已经成为可能了。例如，父母对孩子的义务可以通过年轻一代以后对父母的赡养，或者年轻一代对下一代的义务来取得平衡。时间越长，物品和劳务的转换范围越大，群体中社会纽带亦越强。物品或劳务的交换是社会纽带的具体表现。只有在一些需要很长时期才能相互完成的义务上，有关的个人才会感到他们之间有着牢固的社会关系，其结果是形成了群体的一种内聚力量。从这一角度考虑，慷慨可以被看作是一个人向另一个人提供劳务或物品的预支性质取得使两个人的关系密切起来的结果。

在大一些的社会群体中有同类的交换。例如扩大的亲属关系群体和邻里群体。在村里邻居之间，需要时可以互相挪拿东西用于消费或其他用途。在一定的限度内，一个人对他的邻居有用，他会感到高兴。如果借用者立刻要付酬并说明同等交换，出借者便会很不高兴地说："我们不是外人。"田里如果需要额外劳力，住在附近的亲戚便来帮忙，不要报酬；有重大婚丧喜事时，邻居也这样来帮忙（第六章第二节）。从长远看，亲戚和邻居之间的互相接待、留宿和服务都是取得平衡的。社会关系越亲密，对等的交换也越少。

送礼亦可被看作是另一种交换。这不是专业化生产的结果。不同职业的亲戚，也不把他们的专业产品作为一种礼物。用来作为正式礼品的一些东西是根据习俗而来的，主要是食品。在重要礼仪场合则送一些现金。人们送礼的食品，或是从市场买来的，如年底送的火腿和糖果，或是自己制作的，如端阳节（第九章第三节）送的三角形的糯米粽子。接受礼物的人，也做同样的粽子、买相同的东西回送亲戚。这种类型的物品转让，意义不在于弥补相互间的欠缺而是加强社会联系。

从上述分析可以看出，社会义务，互相接待、留宿和互赠礼物是不够的，它不足以使村里的一个农户获得他自己不生产的日常必需品。在消费品中，消费者生产的只占总数的三分之一（第七章第八节）。另一方面，农民生产的东西，很多不是生产者消费的。羊羔和羊胎的真正用处，看来养羊人本身也不知道（第十三章）。在产丝区，丝绸衣服很少，甚至于米，也只是部分地供人们自己消费。所以非常明显，必须有广泛的流通系统。

二　内外购销

购销是一种交换方式，在交易中对等的价值被明白地表达出来，立即付给或许诺偿付。简单地说，这就是购买和销售的过程。在农村里，除少数例外，交换一般是通过货币来进行的。

我们可以把购销分成内部和外部两种：内部购销是在村庄社区范围内交换货物和劳务，外部购销是村和外界进行的交换，它们是互相依赖的。

村的内部市场是同这个社区职业分化有密切联系的（第八章

第一节）。我们已经看到，村里三分之二以上的人口从事生产稻米、生丝和羊羔的工作。他们不在村里出售这些产品，而要到城镇里去出卖。从事渔业的也只能出售一小部分产品给同村的人。生产专门货物和给村民提供专门服务的限于少数，只占总人口的7%（第八章第二节）。大部分工作并非完全专业化，而是普通农户所需的工作的一种补充。木匠、篾匠、泥水匠主要是从事修理工作，他们在自己家里干活，也到顾客家中去做活。

职业分化程度小，这使社区内部市场非常狭窄，人们靠外界供应货物和劳务。因而，产生了一个问题：货物如何运到村里来？农民可以直接在外部市场购买货物并带回村来，或者货物可由不同的中间人带到村里来。中间人，主要可分三类：

一、定期到村里来的小贩，在买主家门口卖东西。

二、零售店，在村里有固定的地点，店铺里存放着从外界买来的货物，吸引顾客去购买。

三、航船从城镇代消费者购买货物并运到村里。

三　小贩

小贩可以是固定的或不固定的，根据他们出售的货物种类而定。小贩卖的货可以是他们自己制作的，也可能是从市场上零买来的。大多数不固定的小贩出售他们自己的产品，他们来自其他村，不是来自城镇。这是一种城镇外的村际分散性的贸易活动。这种市场的范围受到这种情况的限制，即附近村子的地方生产方面分化程度不大。如已经提到过的（第七章第五节），唯一的分化是蔬菜的种植。在村里，菜园太小，不能种足量的蔬菜供村民消费。但太湖附近的农民可以种植大量蔬菜，并把附近的村子作为他们的市场。同样，时令水果，村里没有种植，是邻县供应的。卖者用船载着他们的产品到周围的村子来兜售。

这些小贩只盼望回去时赚到一些钱，对每一笔交易并不坚持一个固定的价格。譬如卖者报一个价，三个甜薯卖两个铜板，买者并不和他讨价还价，而是给了钱以后再拿几块甜薯。卖者可能拒绝或装着拒绝，但我从未见到过因为买者拿得太多而否定交易的。这种讨价还价之所以可能是由各种因素造成的：卖者对价格没有严格的概念，买者对他自己的要价也没有严格的想法。卖者和买者都没有直接竞争者。付钱以后买者拿取额外货物的量不会超过买者看来是合理的范围，同时还有其他不同的情况。譬如说，男人就不拿额外的货物，因为他们认为，这有损于他们的自尊心；但他们的妻子可以随便这样做。对话和开玩笑，特别是异性之间开玩笑，将增加拿取额外货物的数量。在这种情况下，卖者将不经要求自愿多给一些。当然，不能拿得太多，除非把额外货物当作礼物来送。从长远看来，这种买卖的价格不比城镇里的市场价格高，因为如果被发现确实是这种情况，卖者下次将不易出售他的货物。可能价格也不低于城镇的商品，因为如果卖者的利润比他把商品卖给城镇的店铺要少，最后他就不到农村来卖货了。但在某些具体交易中价格上下的界限是比较宽的。

从城镇来的有两名固定的小贩：一个卖缝纫和梳妆用品，另一个卖小孩吃的糖果。女人由于有家务在身，还需照顾孩子，因此到城里去的机会比男人少。缝纫和梳妆等用品是专为妇女的消费品。此外，对这些商品的需求与个人喜好有关。妇女不愿托别人或丈夫替她购买，这才使小贩有他的市场。与这种小贩做买卖的形式和上述有所不同。买主不是先接受小贩的要价然后拿取额外的商品，而是先还价，因此价格如不能使双方满意时便不能达成交易。小贩要的最低价格决定于他买货时付的价钱和维持他的生活所需的利润。货物不会消失，他可以等待好一些的价钱。

卖糖果的小贩用另一种方式。对这种货物的需求必须通过卖者人为的创造。小贩用一个很响的喇叭来吸引孩子。通常孩子们不是都有零钱用的。很多孩子必须要求大人买给他们。因此，小贩常常会引起戏剧化的家庭场面。孩子的吵闹和母亲的呵责往往与买卖糖果声混杂在一起。这种买卖，讨价还价并不厉害，因为，买主或是不懂得隐瞒自己真正兴趣的孩子，或者是一心想摆脱麻烦的母亲。部分糖果是在小贩自己家里做的，原料便宜。因此糖果的价格主要决定于小贩的生活费用。

每一个小贩都有一个习惯卖货的地区，有时是几个村，范围的大小取决于小贩能走多少路，能赚多少钱。售货的次数也取决于上述因素。卖缝纫和梳妆用品的小贩每隔二至四天到村里一次，而卖糖果的则几乎每天都来。

四　零售店

小贩不住在村里，他们定期到消费者那里去。而零售店则坐落在一个固定的地方，吸引顾客到店里来。这就产生了一群专门从事商业的人。他们出售的东西并不是自己生产的，而是把从城镇里买来的东西再卖给村庄。下表说明了各行业的店铺数目：

杂货店	3
肉　店	3
豆腐店	2
药　店	1
砖瓦店	1
总　计	10

三家杂货店在三座桥附近。它们主要出售香烟、火柴、糖果、纸张、蜡烛、纸钱及其他带宗教色彩的物品。我未能估计他们的存货数量，我也无从计算他们每天的平均销售量，主要困难是他们不记账。按他们所说，每天销售额两角至一元不等，很明显，他们不能供应全村以各种日用必需品。我即将谈到，大多数货物是靠航船从城里购运来的。周向我描述了杂货店的功能："我们有客人时，便到杂货店去买纸烟。"换句话说，这只是航船的一种补充。航船为了满足顾客的订货，需要花一整天的时间在城里购买，紧急需要时，顾客等不及它们回来，便到店铺里去买。带宗教色彩的东西不属于紧急需要，但在预期的某一时间内使用。又由于这些东西用航船运输有一定困难，所以人们常常可在零售店里见到这些东西。纸钱是用锡箔做成旧的银锭形，里面是空的不能受压，航船无法提供如此大的空间来运输它。

在村里，肉类是重要食物之一。肉贩在半夜去到城镇屠夫那里购买第二天早晨需要的猪肉后，将其运回村里。消费者到中午煮饭时就能有肉。由于没有保存鲜肉的手段，所以卖肉的商人根据他能卖出多少来买进。最后一个主顾去买肉时往往就销售一空，如果有人一定要买到肉，必须在前一天傍晚订购。

豆饼是农田的肥料，分量重，像砖一样，也占地方。航船不能运这类货物。村里有专门的店铺出售砖。药店出售中草药，零售价格较高，又常常是急需的，所以在村里，药店有一个固定的地方。

五　航船，消费者的购买代理人

村庄店铺不能满足农民全部日常的需求，例如村里没有地方卖盐和糖这样的重要物品。这些东西必须由航船去买。航船提供免费的日常服务，从城里购买日常必需品，同时充当村民的销售代理人，从中赚得一些收入。他们在乡村经济中起着重要的作用。这种制度在太湖周围地区非常普遍，它促使附近城镇有了特殊的发展。

每天早晨，约7时许，航船开始活跃起来。村里共有4条船，两条往返于河A，两条往返于河B与河C（第二章第四节）。船沿着河划出村时，农民们便向航船主订货，"请在这个瓶里打20个铜板的油，在那个坛里打30个铜板的酒"。航船主收了瓶和钱，数也不数，他把钱扔在船尾的底板上，便和顾客随便交谈起其他的话题来。船到了村的西端，从这里就可以直接到城里，那时他已经收了数十个瓶子和很多铜板。那些要到城里去的人，船经过他们的家门口时便搭上船，他们不用付船费。

　　每一条船有它自己固定的顾客。村子可分为两个区域，每个区域有两条船为他们服务。在一条河里的两条船，它们的顾客是同一区域的。这两条船互相就有竞争，但是友好的竞争。如果一条船上的乘客很少，它就会等另一条船，把乘客都合到一条船上。摇船的是年轻乘客。航船主按照顾客订货把瓶子和容器分类，把船板上的铜钱收起来，一面与乘客聊天，或帮助他们把蚕丝按照出售的要求捆起来。

　　从村庄到城里需要两个半小时。船约于10时到达。每条船与城里的一些店铺有联系，航船主就向这些店铺购买农民订购的东西。店里的学徒下船来拿瓶子和容器并接受订货。下午店铺里的学徒回到船上以前，航船主要到店铺去结账。下午2时，航船开始返回，约四五点钟到达村里。船经过时，村民都在门口等待，接受他们托买的东西。

　　其中有一条船在我到村子以前约两个月才开始做此项经营，另3条船已做了多年。有一个航船主，现在已年老，这一职业是从他父亲处继承的。因此，我们可以了解到，这是一个存在已久的制度。

　　从理论上讲，任何人可以经营航船，航船主没有正式的资格，他只要向公众宣布，他将做航船这行业，接受别人委托买东西即可。但一旦开始了这个行业，他必须每天有规律地继续下去，无论他接受多少委托。有一个航船主名叫周福生，我在村里时，他病得很厉害，但他无法停止他的服务工作，因为所有顾客都靠他供应日常必需品。有一个新经营这行业的叫周志法，他有时到城里去，连一家订户都没有。这意味着，航船主必须把全部时间和精力花在经营这个行业中，大多数有地种的农民是不可能达到这种要求的。此外，航船主必须与城里的店铺有关系，特别是作为一个销售代理人。要懂得商业上的知识和习惯，需要时间和实践。

一个地区有多少航船，要看有多少居民及航船主个人有多大能力。一个像福生这样有非凡能力的人，过去垄断沿河 A 的整个地区，约 150 多户。个人能力即脑子清楚，记忆力好，不会记错各种口头的委托。一眼看去，不借助任何记录，能处理这么多瓶瓶罐罐，简直是不能使人相信的。实际上，只有经过一个缓慢的过程，才能逐渐熟悉每一个顾客的瓶子或罐头，记得每个顾客经常的需要。有时也会记错，有一次一个顾客说，给了福生一元钱，但福生不记得他这件事了。虽然福生毫不犹豫地负责还了他一元钱，但顾客还是埋怨。当福生的能力逐渐衰退时，志法已能够在他这地区开始接替他了。

航船主为顾客服务并不向顾客索取佣金，也不从中赚钱，城里的店铺定时送他一些礼物或招待他。货物通过航船主的手，价格并不提高。如果农民自己直接到城镇商店去买，他们可能得到更少或更坏的东西，城里的商人可能欺侮个别来的买主而他不敢欺侮航船主。这并不是因为航船主个人能力比城里的商人强，而是由于城镇商人竞争需要保持经常的主顾。大多数城里的店铺依赖航船来得到农村这个广阔的市场。对商人来说，失去一条船即意味着很大的损失。他们力图保持旧主顾，吸引新主顾。因此行贩在交易中是处于有利地位的。

航船的存在使村庄的店铺处于一种辅助性的地位。村庄店铺无法与航船竞争。它们太小，不能像城镇商店那样直接向城市里的大批发商店订货。它们也像航船一样向城镇店铺购货。但航船代客买东西免收服务费，而村庄的商人零售时要赚钱。如上所述，村庄小店里只有那些急需品以及航船不能运输的货物才有买主。

航船主不记账，所以我无从估计他们的交易额。福生作了一个估计，每天约10至20元。快到年底时，最高纪录为每天40元。看来，这一估计是可靠的，可以从农民向外购货的总金额来核对一下。按农户开支的分析（第七章第八节），估计每年约为80000元。如果我们从这一数字减去衣服、蔬菜、重型工具和桑叶的费用，这些东西不是通过航船购买的，约为30000元，这与福生的估计大致相似。

我不能把航船从城镇购买的商品开列一个清单。这个清单一定会很长，因为所有可从城镇购买的、航船可以运输的商品都可以委托航船去购买。船不挤的时候，少量的豆饼、砖、纸钱一类的商品也可代购。委托航船购买最多的东西是食品和烹调用的配料或调料。

为了对购买过程进行全面的描述，必须重提一下消费者从城镇市场或其他村庄直接购买的商品。譬如，村里桑叶不够，这是蚕丝工业的重要原料。村民必须从太湖附近的其他村庄购买。买主自己去购买和运输，每次他们进城，都要买些其他东西。通过这一渠道进行的贸易额就难以估计。但由于村民不常进城，所以买的东西也有限。

六　航船，生产者的销售代理人

航船的一个重要特点是作为消费者的代购人，是不赚钱的。同样，乘客也不付船费（年轻人得出劳力划船除外）。城镇店铺给航船主的礼物远远不足以维持他们的生活。他们只有在充当生产者的销售代理人时才得到报酬。

销售货物需要更多的技巧和有关市场的知识，农民不一定具备，因此他们出售产品时需要依靠航船主。后者经常与城镇里的收购商品的行家保持联系。他了解各个行家的情况。行家与不同的商人或纺织厂相联系，他们收购货物是有挑选的。生产者为了出售他们的某种产品，应该知道与那些有关的收购人保持联系，这是很重要的。此外，在收购生丝的时候，有一种已经被收购者接受了的习惯做法，即允许生产者在丝里加一定量的棉花和水以加重分量。但如果超过惯常的限量，收购者便要扣钱，扣的数量比外加分量的钱更多。因此，生产者需要就这方面的业务与内行的代理人商量。

航船主还帮助生产者按照购买者的要求来包装蚕丝，以便使同样数量、质量的丝能卖到较高的价钱。生产者与航船主一起到收购人那里去，但收购人只认识航船主，他的账上有航船主的户头。如果生产者不接受对方的价格，他可以不出售他的产品。但在一般情况下，他听从他所信任的航船主的忠告。生产者如果出售 100 两蚕丝，约合当前的市价 25 元，他便付给航船主一元钱佣金。换句话说，航船主按生产者出售蚕丝的数量拿 4% 的佣金。

佣金数不随蚕丝价格的变化而变化，因此，蚕丝价格高时佣金率反而低。每出售3蒲式耳米要给佣金5分，生产者收益约合7元，佣金百分率约为0.7%。这个村庄的蚕丝总生产量约为90000两，航船主可得900元佣金。大米的总出口量为7000蒲式耳，航船主可得总数约为650元的佣金。如果4个航船主平分这个数额，每人一年约得400元。有这样一笔数目，生活可以过得不错了。

那些卖出产品后付给航船主佣金的人，有权把船当作交通工具使用，而且可委托航船主购买货物。因此，此项服务的支付额是根据生产量来定，而不是根据顾客的消费量来定的。新近的养羊工作为航船主增加了一项新的收入来源，但我不知道卖羊收佣金的确切办法。

蚕丝业的改革对航船制度的存在提出了挑战。新的丝厂不利用航船到城镇市场去代销蚕丝。产品直销上海。开始时，航船主要求补偿。改革者考虑到航船是村里一种有用的制度，因此决定根据传统的佣金额给他们补偿。合作社的每一个社员收到一张卡片，上面记录着他供应蚕茧的数量。生产者可以把卡片交给他委托购买东西的航船主。根据合作社社员卡片上记载的蚕茧供应数量，航船主可收到一定数量的补偿费。这样才把航船制度保存了下来。

七　其他收集方式

大宗的农村产品由城镇通过航船或由城市通过工厂收购。但对一些零星物品和废品，如旧衣服、纸钱灰、废铜烂铁等，还有另一种收购方法。有时候是以货易货的形式出现，即货物直接交换。收购者带着陶瓷器或一种特别的糖果来换取旧衣服和金属器皿。纸钱灰含锡，可换叠纸钱的锡箔。

八　贸易区域和集镇

贸易区域的大小决定于运输系统——人员及货物流动所需的费用和时间。消费者直接购买货物的初级市场局限于这样一个区域，即买者不需要花很多时间以致妨碍他的其他活动便可在其中买到货物。在这个村里我们可以看出来，有两个初级购销区域。住在河 B 的桥附近的人们不会到河 A 的桥附近的商店去买东西。例如，理发店、肉店、杂货店和庙宇都分设在两个地区，大致与航船活动分工范围相当。但银匠、鞋匠和药店坐落在河 A 的西桥附近，是村内道路系统的中心（第二章第四节）。这些行业在村里各自只有这一家店。从这个意义上说，这个村子也是一个初级市场。

中级市场就是初级市场的零售商用批发价格购买货物的地方。在这个地区，航船不能被看作是一个零售商。它代替消费者买货，但正如我们知道的，这项服务不收费。这样，航船便限制了村里初级市场的作用，并使远处的城镇成为消费者初级购买的中心。

专门从事这项工作的航船主能把他所有的时间用于这一活动。因此，购买者和出售者之间的距离便延长到适于当日往返的旅程。实际距离取决于船的速度，估计每小时为 1.6 英里。能够派出航船到镇上代购货物的村子，其最远的距离不能超出 5 英里以外。因此，这样一个购销区域的直径是 8 至 10 英里。

每个贸易区域的中心是一个镇，它与村庄的主要区别是，城镇人口的主要职业是非农业工作。镇是农民与外界进行交换的中心。农民从城镇的中间商人那里购买工业品并向那里的收购的行家出售他们的产品。城镇的发展取决于它吸引顾客的多少。正如我们已经了解的，航船的制度使这一地区的城镇把附属村庄的初级购买活动集中了起来，从而减弱了农村商人的作用。这一类购销区域的范围比中国北方的购销区域大得多，中国北方主要是陆路运输，代购或代销体系不发达。杨庆堃的研究[1]说明了在村庄初级市场之上的典型的中国北方购销区域的直径约为 1.5 至 3 英里。更高一级的购销区域，包含 6 个基本购销区域，其直径约为 8 至 12 英里。后者与我们现在正在研究的城镇市场规模相仿。

这个村庄所依托的城镇，就是航船每天去的镇，叫作震泽，在村庄以南约 4 英里的地方。其实，这个镇没有垄断这个村庄的全部贸易活动。在北面，还有一个镇，叫大庙港，离村庄约 1.5 英里，在太湖边上（见图 2）。这是一个专门与太湖里的岛屿进行贸易的小镇。镇附近有一座太湖神庙，镇由此而得名。人们去庙宇的时候，通常在这个镇里购买物品。徒步走去需要约 1.5 小时。但这个村庄和大庙港之间的贸易同这个村庄和震泽镇的贸易相比是无足轻重的。

---

[1] 《山东邹平的贸易系统》，杨庆堃，中国，燕京大学社会学系，未出版的专著。

在收购农产品的过程中，震泽镇垄断了这个村庄全部大米的贸易。但它从未完全垄断蚕丝产品，自从村中丝厂成立以来，加过工的蚕丝被直接运到上海。即使在过去，这个村庄也供应大量生丝给村东约12里处的盛泽镇丝织工业时，也有一条航船直接往返此镇。路程太远，不能当天往返，班次也不定期，所以只管售货。10多年来，一方面由于该镇丝织工业衰落，另一方面由于这个村庄的蚕丝业改革，此船已经停止了。

关于城镇之间如何竞争以保持它们的附属村庄，将是一个有趣的研究。但是对这一问题的详细分析，需要对整个地区做更广泛的调查，这不是目前的研究所能达到的。

九　销售与生产

丝和羊完全是为出售而生产的。我们已经看到，在这些行业中，价格是如何影响生产的。土产生丝的价格低廉，刺激了技术改革。改革结果，土产生丝产量大大下降。但近年来，其产量并未按其价格下降的比率下降。相反，还有一些增加的迹象。正如已经解释过的，这是由于缺乏其他工作来吸收村里剩余的妇女劳力的缘故。村里开始养羊，这是因为市场有新的需要。但目前缺乏草的供应，产量不可能增加。因此，价格不是决定产量的唯一因素。

生产大米，部分是为出售，部分是为消费。储备粮的数量不一定根据价格的波动而升降。每一户都要准备够一年消费的储备粮。市场大米价格上涨不会诱使生产者出售他的存粮,因为未来的大米价格不确定。但大米价格低会迫使农民出售更多的大米。这是因为收割的时候要求佃农用钱交租,那时每户所需的货币收入或多或少都已知道。这一事实,对大米收购者来说很重要。他们通常为了增加贸易额而压低大米价格。农民的总储备量往往就这样被减少到不够他们自己消费。来年夏季,他们就只得靠外界供应(第十五章第三节)。这对商人也有利可图。

价格波动不影响大米的总生产量。总生产量决定于土地的大小、生产的技术以及最终决定于降雨量的多少。这些都是人们几乎不能控制的事。改变职业是困难的,甚至改变农作物,村民脑中都很少想到。因此,生产结构是受到严格限制的,它不能随着市场的需求做出灵活的反应,变化是缓慢而长远的。

让我们以丝业作为例子。尽管在蚕丝业方面有很好的改革计划,计划者对改革也做出了特殊的努力,但市场的新需求与生产系统之间的调整过程经历了几乎10年的时间。从我们对变迁过程的分析(第十二章),我们看到供应和需求的有效性取决于对市场的了解,这是农民不具备的。如果没有特殊的力量来影响并促使变革,人们几乎不理解蚕丝价格下跌的原因,更不明白市场对货物类型所提出的新的需求。为了实现蚕丝改革,需要专门的知识和社会组织。所有这些因素延误乡村经济在供求方面的及时自动调整。

在农村,改变职业比改革现有作业更加困难。除养羊以外,没有发现人们想在村里发展新的职业。甚至养羊也仅仅是现有生产系统的一种补充,而不是职业的改变。农村居民只有离开农村才能改变他们的职业。换句话说，在目前情况下，职业流动意味着人口从农村流向城镇。在村里，出去找新职业的大多数是女青年，她们在这个社区里尚未进入一个固定的社会位置。甚至在这个群体里，这种流动已经向传统亲属关系和家庭群体的稳定性提出了挑战（第十二章第九节）。反抗破坏社会稳定的力量变成了一股阻碍当前人口流动的力量。目前很难说，在新的情况下，传统力量会做多少让步。但总的来说，人口流动是缓慢的，特别是男性人口流动得很少，这说明了外界对劳动的需求不大和村里传统生产系统的僵化。

尽管如此，市场强烈地影响着生产，这一点是显而易见的。它导致了各方面的变化，这些变化不仅仅局限于人们的经济生活。生产系统对市场情况的反应不是一个简单的过程，而是一个长期复杂的过程，要了解这一过程需进行范围更广泛的调查研究，单纯从经济方面研究是不够的。

第十五章　资金

　　在交换过程中，以货物、劳务或现金不能及时偿还时便发生了信贷。简单地说，信贷就是一方信赖另一方，经过延迟一段时间，最后偿还。

　　在这一意义上讲，相互之间的义务、互相接待留宿、互赠礼物等非即刻交换的形式也是信贷的形式。这些信贷的偿还是通过社会制度中固有的互惠原则来保证的，并与亲属关系及友谊有密切关系。对于有这种关系的群体之外的交易，偿还的时间必须有明确的协议，并且信贷只有对贷方有利才能被接受。贷款可以做任何用途，或可能限于协议中规定的某种用途。但"信贷"一词不能仅限于指对未来产品的预先付款。在这个村里，信贷在多数情况下是用于消费或付租付税，租和税与生产过程仅有间接的关系。同样地，也很难把借来办婚事的钱看作是对借钱人的生产能力有所帮助（除非是隐喻的意义）。

　　在讨论中国农村的信贷体系时，托尼教授写道：

> 这个体系的特点……是借钱人和出借人对用于农业生产的信贷和补助家庭开支的借款两者之间的区别看来都不清楚。这就是说，把一切都记作一笔笼统的账，其结果，在欠债人或债权人的脑海中对借贷来做生产用途或家庭用途的钱无所区别。他们不明确用于生产的钱最后应该产生利润并足以偿还利息，家庭开支在没有意外的不幸事故的情况下，应能以收入偿付。[①]

在本章，我将从信贷的广泛意义上来使用这一术语。

一　积蓄与亏空

信贷只有在一方面有积蓄，另一方面亏空时才可能产生。积蓄是指村里的经济单位家的收入超过支出时的剩余。收入指家的全部产品。它可以转换为钱，也可以不转换为钱。支出则包括家的成员用于消费、用于完成社会义务和用于生产而由自家生产或从市场购买的全部物品。

村里每家的生产量，相差不大，因为这种群体的大小，大致相仿，生产技术亦基本相同。它们的消费量也有一致性（第七章第一节）。除个别情况有特殊原因外，其财产分配不平等的原因，

---

① 《中国的土地和劳动》(Land and Labuor in China)，R.H. 托尼（R.H.Tawney），1932 年，第 62 页。

主要是土地占有制问题。佃农必须负担很重的地租。村里三分之二的土地为不在地主掌握。村民每年交付租米总额为4800蒲式耳。这一负担并不是平均分摊在村民身上，而是由70%以上的人分担。在这些人中间，负担又不同（第十一章第五节）。土地占有制的这种情况导致了每年大量财富从村里外流到城镇，以及村中财富分配不均的情况。

蚕丝业兴旺时，尽管地租很高，但村民仍可维持足够的生活水平，并且尚可有所积蓄。这种积蓄通常被储藏起来。在村里，很少有投资的机会，除交租以外，城镇没有其他手段吸收积累的财富。农民储藏的货物或金钱首先是用作储备以对付经常发生的灾难，其次是供昂贵的礼节性开支。与个人生活有关的繁重的礼节或当地群体定期的宗教集会实际上是农村地区所积蓄的财富的重要出路。在礼节性场合，炫耀财富的思想替代了勤俭节约。在丧葬、结婚聘礼、嫁妆、宴席等方面，特别是举行村际游行时，财富挥霍严重（第七章第七节）。

蚕丝业的萧条使村里的平均收入减少了三分之一（第十二章第二节）。在开支方面，消费和社会义务仍然像过去一样。唯一可以缩减或暂缓的款项是礼仪性开支，据我估计，目前这种开支占总货币开支的五分之一（第七章第八节）。由于收入迅速降低，支出依然不变，结果是亏空。

亏空可以是紧急的或非紧急的。紧急亏空需要采取立即措施。食物不足、资本货物缺少、无能力付租付税等属于这种情况。除非给以资助，否则对有关个人会产生灾难性结果。由于付租义务并不是人人都有的，这种紧急亏空限于一部分村民。

一小部分人，即使在目前情况下，仍能有些积蓄，还有另一些人则可以维持最低限度的生活。非紧急亏空，例如无力支付礼仪所需的费用，这在比较有钱人中间也是较普通的。我已经描述过村民是怎样推迟婚期，暂停每年的团聚，缩减礼仪性开支等情况。

积蓄减少造成了对外界资金流入的需求增加。内部借贷系统只能对付这个社区内部财富分配上的不平等，不能解决普遍无力偿付债务的问题。因此外界资金流入便成为村里紧急的金融问题。

以下各节，我将描述各种内部和外部的信贷系统。但目前掌握的材料不足以从定量分析方面来阐明它们相对的重要性。这种数据很重要，但需要比我现在所能做到的更广泛的调查研究。

二　互助会

物品、劳务和少量的钱可以不付利息，短期地向亲戚朋友借用。这种补贴的办法主要见于遇有暂时性亏空时，债权人相信借款人有能力在短期内还债。此类借贷可能延续数个月。这种相对较长期的信贷在分家后的兄弟之间常见。他们虽然有各自的房子和财产，但仍然有社会纽带把他们联系起来，照顾彼此的福利。为少量借款，向兄弟要利息，被认为是不可能的。

但需要大笔款项时，向个人商借并在短期内归还常有困难，因此，兄弟之间或其他亲戚之间的互相帮助便不能满足需要。这样才产生了互助会。

互助会是集体储蓄和借贷的机构，由若干会员组成，为时若干年。会员每年相聚数次。每次聚会时存一份款。各会员存的总数，由一个会员收集借用。每一个会员轮流收集使用存款。第一个收集人即组织者。一开始，他是该会的借债人。他分期还款，交一定量的利息。最后一个收集人是存款人。他最后收集自己那笔存款和利息。其他成员则依次收集存款，从存款人变为借债人。收款次序按协议、抽签或自报公议的办法决定。每次聚会时，每一会员存款数目的计算往往由于各种因素而变得较为复杂，我将在以后描述。

这种互助会，经常是由于某人需要经济援助而发起组成的。参加互助会的会员被认为是对组织者的帮助。按以上描述的办法，每个人似乎都轮流得到好处。但我们必须记住，投资的机会有限，借一笔款并付利息，可能是不经济的。此外，由于收钱时间不定，收款人可能难以把收来的钱用于最适当的需要。所以组织者对会员不能只强调他们在经济上会得到什么好处，而必须说他自己需要经济上的帮助。因此，会员通常只限于某些有义务帮助组织者的人或一些为了其他目的自愿参加的人。

通常组织这种互助会的目的是为办婚事筹集资金、为偿还办丧事所欠的债务。这些也是筹集资金的可以被接受的理由。但如为了从事生产，譬如说要办一个企业或买一块土地，人们往往认为这不是借钱的理由。

有了一个正当的目的，组织者便去找一些亲戚，如：叔伯、兄弟、姐夫、妹夫、舅父、丈人等。他们有义务参加这个互助会。如果他们自己不能出钱，他们会去找一些亲戚来代替。

会员的人数从 8 至 14 人不等。在村庄里，保持密切关系的亲属圈子有时较小，因此，会员可能扩展至亲戚的亲戚或朋友。这些人不是凭社会义务召集来的而必须靠互利互惠。如果一个人需要经济上的帮助，但他没有正当的理由来组织互助会，他将参加别人组织的互助会。被这个社区公认为有钱的人，为了表示慷慨或免受公众舆论的指责，他们将响应有正当理由的求援。例如，周加入了 10 多个互助会，他的声誉也因此有很大提高。

但这种互助会的核心总是亲属关系群体。一个亲戚关系比较广的人，在经济困难时，得到帮助的机会也比较多。从这一点来说，我们可以看到，像"小媳妇"（第三章第八节）这样的制度，使亲属圈子缩小，最终将产生不利于经济的后果；另一方面，扩大亲属关系，即使是采取名义领养的方式，在经济上也有重要的意义（第五章第三节）。

在理论上，组织者将对会员的任何违约或拖欠负责，他将支付拖欠者的一份款项。但由于他自己需要别人的经济援助，因此他的负责是没有实际保证的。拖欠或违约并不是通过法律的制裁来防止，而是通过亲戚之间公认的社会义务来防止。拖欠的可能性又因互相补贴的辅助办法的存在而减少。一个人在这样的环境中，很容易提出要求补贴，特别是他届时有从互助会中收集存款的机会。不利于自己的后果也是一项重要的考虑。拖欠人会发现，他需要帮助时便难于组织起他所需的互助会。然而事实上还是有违约或拖欠的，尤其是以往数年来，有这种情形发生。正如

220

我已提到过，当地信贷系统的有效程度取决于村民普遍的储蓄能力。经济萧条使拖欠人数增加，从而威胁着当地的信贷组织。这对现存的亲属联系起着破坏的作用。但由于我对此问题没有详细的调查，只好将它留待以后做进一步的研究。

有三种互助会，最流行的一种叫"摇会"，在这个会中，组织者召集14个会员，每人交纳10元。组织者总共得140元。摇会每年开两次会：第一次在7月或8月，那时蚕丝生产告一段落；第二次在11月或12月，水稻收割完毕。在每一次会上，组织者偿还摇会10元本钱和3元利息。这样，在第14次会结束时，他可以把债还清。

在相继的每一次会上，有一个会员收集70元钱。收这笔钱的人就是摇会的借款人，他在以后的每一次会上应还5元本钱及1.5元利息。由于会员只拿相当于组织者一半的钱，所以计算时稍微复杂。组织者每年交款的半数将在会员中平分13/2÷14=0.464，这叫组织者的余钱。会员拿的实际数为70＋0.464，借款人每年交款为6.036（6.5－0.464）元。

组织者和借款人每年交的钱和会员收的钱数均为恒定。没有收款的那些人为摇会的存款人。由于每一次会有一个会员收款，所以借款人逐步增加，存款人随之减少。在每一次会上，存款人存款数目根据以下公式计算：

会员的款数（70.464）－｛组织者的存款（13）＋〔借债人数×借债人存款（6.036）〕｝÷存款人数

在每一次会上存款人存款总数减少。[1]对每一个会员来说，存款总数，按照收款的次序逐步减少。由于收款数不变，存款和收款数目之间的差即借债人付的利息或存款人收的利息。借债人的利率规定为年利4.3%。但由于存款和借款以及两种余额混在一起，因此，会员之间以及每年的实际利率不同。[2]每次会

---

[1] 在第11次会上，组织者和借债人交纳的钱数已经超过会员的集款数。存钱人不需再交付任何款项而可以分享新的余款。分配余款的原则是：前4次会的组织人和收款人除外，其余会员根据他们集款的次序按比例均可分得一份。例如，在第11次会上，第5次会的集款人将得0.11元或总余款（2.432）的5/110。但这个会上的3个存款人，其集款次序尚未确定，他们将各得余款的13/110。从第11次会后的每次会的总余款为：

第11次………2.432
第12次………8.004
第13次………14.968
第14次………21.004

[2] 见下表：

收款次序	交款数	收款数	每半年平均利率*（%）	
			借款	存款
组织者	182.00	140.00	2.2	/
第1人	88.47	70.47	2.1	/
第2人	86.85	70.47	2.3	/
第3人	85.10	70.47	2.6	/
第4人	78.96	70.47	2.0	/
第5人	74.71	70.47	1.5	/
第6人	71.99	70.47	1.0	/
第7人	69.06	70.47	/	2.0
第8人	65.62	70.47	/	3.4
第9人	62.70	70.47	/	2.8
第10人	57.08	70.47	/	3.1
第11人	51.41	70.47	/	3.4
第12人	44.91	70.47	/	3.6
第13人	38.43	70.47	/	3.8
第14人	31.06	70.47	/	4.0

* 平均利率是这样计算的：把交款数与收款数的差被收款数加存款与还款次数之间的差除。